Il Tao delle relazioni tra uomo e donna

Ray Grigg

CORBACCIO

Titolo originale: *The Tao of Relationships*

Traduzione dall'originale inglese
di *Eva Kampmann*

PROPRIETÀ LETTERARIA RISERVATA

The Tao of Relationship
Copyright © 1988 by Humanics Limited
Atlanta, Georgia, U.S.A.

© 1995 Casa Editrice Corbaccio s.r.l., Milano

ISBN: 978-0-89334-480-1

A Joyce

Il molteplice scaturì da un'unica spinta?
È stato dal brodo primordiale
che nacque il primo desiderio?

Dove fu il principio?
Quanto tempo è passato?

Si trova in ogni singolo che cerca la Duplicità
e in ogni due che cercano la Singolarità?

Possiamo decidere di non amare?

Introduzione

Questo libro parla dell'amore ma l'amore non è mai menzionato né definito. Perché? Perché le parole non sono che metafore: l'esperienza che creano è indiretta. Le parole ostacolano la comprensione dandoci l'illusione di capire; confinano e limitano inducendoci a credere di aver espugnato il mistero. Le parole possono rappresentare solamente l'autentico. Quando si nomina qualcosa, il nome viene scambiato per ciò che è stato nominato. I saggi lo hanno sempre saputo. Sanno comprendere i nomi. E gli amanti sono saggi.

Gli amanti vivono l'amore. Ne fanno parte come la pioggia fa parte del piovere e i sorrisi del sorridere. Ma non possono spiegare che cos'è perché sono l'amore. Il Tao, al pari dell'amore, non si lascia spiegare perché il Tao siamo noi. Ma l'« essere » del Tao e l'« essere » dell'amore non sono cose. Le cose non esistono: ciò che chiamiamo cose sono in realtà processi. Anche se facciamo finta di sì, i sostantivi non esistono. Non esiste l'amore, ma esiste l'amare.

L'amare che c'è tra gli amanti si trova fra tutte le cose. È tra un sasso e l'altro, tra la nebbia e la montagna, tra l'erba e la luna. Gli amanti lo chiamano amore. I saggi lo chiamano Tao. Per causa sua i fiumi scorrono giù per le valli, il verde cresce dal seme fino alla morte, maschile e femminile si congiungono e si separano. Si chiama il Tao ma non è il suo nome. È dovunque ma nulla può dire che cos'è poiché è l'essenza di tutto.

La spinta generale presente dovunque è uguale alla spinta particolare che c'è tra ogni cosa. Quella che muove l'uomo verso la donna e viceversa, è la stessa che c'è tra la radice e il fiore, la foglia e il terreno, il respiro e il vento. L'uomo e la donna si trovano come l'aria e la nebbia, la pioggia e il fiume, la montagna e la valle. Partecipano alla profonda comunanza. Ogni spinta particolare realizza la spinta generale; ogni cosa realizza tutte le altre. La consapevolezza di questo compimento muove ogni cosa in particolare e il tutto in generale dall'ordinario verso ciò che è onorato.

Onorare vuol dire collocarci all'interno e abbandonarci al tutto che si muove. Diventiamo tutt'uno con il Tao. Solo dal didentro ci può essere controllo. Ma gli amanti, come i saggi, sanno di non avere alcun controllo. Proprio in questo risiede il paradosso: amare significa perdere per trovare, significa essere deboli perché ci si trova all'interno della forza.

La parola «forza» non è intesa nell'accezione occidentale bensì in quella taoista. Nel *Tao tê ching*, scritto dal cinese Lao Tzu nel V secolo a.C., la parola *tê* significa letteralmente virtù/forza. Significa entrare in armonia con il modo di operare dell'universo (il Tao), e di conseguenza acquistare un senso disinteressato della forza, che deriva non dall'opporsi alle cose bensì dal fluire insieme con esse. Il con-fluire è la virtù, il co-esistere è la forza. Questo libro parla di come bilanciare la virtù e la forza maschile e femminile al fine di trovare la virtù/forza maschile/femminile.

In Occidente, l'esperienza comune di cui disponiamo che più si avvicina alla virtù/forza è l'energia che esiste tra uomo e donna. Benché quell'energia sia guastata e corrotta dalla politica dei sessi, è tuttavia presente come una forza originaria che conferma la condizione pregnante tra uomo e donna. Nel paradigma taoista, l'interazione degli opposti yang e yin dà luogo alla danza del Tao.

Gli amanti percepiscono la danza di quell'energia sia come profondamente giusta (virtuosa) sia come profondamente mobile (forte). In Occidente, l'arte dell'amante è la forma più comune, forse l'unica, in cui l'arte del saggio è accessibile a tutti. L'ossessività occidentale per il sesso rappresenta un potenziale vantaggio. Ma il materialismo scientifico, i mass media e la commercializzazione, attributi che definiscono gran parte della nostra cultura, non contribuiscono a guidarci verso quella saggezza sensibile necessaria per diventare l'amante saggio.

Né la natura estetica, intuitiva ed empatica dell'amante saggio è stata aiutata dagli orpelli tecnologici di cui ci siamo bardati. Il divario tra chi siamo e chi crediamo di essere è cospicuo. Con un atteggiamento oggettivo ed empirico cerchiamo di separarci da tutto, ma non siamo capaci di distaccarci da noi stessi. Siamo dei soggetti che non riusciamo a oggettivare. Siamo motivati dalla sessualità. Così l'atto di amare, con tutta la sua soggettività, è reso ancora più allettante dai nostri sforzi di essere oggettivi. L'amare è la promessa di noi stessi a noi stessi che dobbiamo mantenere. Ma è diventato una sconcertante ricerca spirituale poiché il sesso è stato ridotto a merce. Gli amanti non possono essere oggetti l'uno per l'altra. Una confezione non può avvolgere un mistero.

Viviamo in una superficialità indotta dalla nostra stessa ingenuità. Siamo strapieni di sensazioni e affamati di sentimenti.

Sappiamo che ci vendono ombre chic, che noi stessi non possiamo vendere a noi stessi. E sappiamo anche che immediatamente sotto le nostre scarpe sexy c'è il filo del rasoio. L'eleganza ci impone di camminare con cautela. Quando priviamo il nostro io sessuale del nostro io completo, il sesso non basta mai. Ma immediatamente sotto l'involucro studiato per sfolgorare e vendere c'è un profondo, ossessivo mistero. Sappiamo o ricordiamo o sentiamo che se spiccassimo il salto precipiteremmo in un abisso.

Sotto la commercializzazione del sesso e le manovre della politica sessuale, addirittura affermata ironicamente da queste, ci sono l'irrefutabilità e l'inevitabilità dell'onnipresenza di fondo della nostra sessualità. Siamo esseri sessuali.

Sapere che il sesso è una parte di noi che non possiamo né evitare né frenare ha un effetto accattivante ed emancipante. Il sesso fa parte di noi oppure siamo noi a far parte del sesso? Siamo gli schiavi del nostro stesso appagamento? Se mi si perdona il luogo comune e il doppio senso, forse è vero che la coda agita il cane. Il fatto che non possiamo contenere i nostri io sessuali, che siamo i padroni e possiamo essere tali solamente a patto di sottometterci a noi stessi è di buon auspicio.

Riconoscere le cose per quelle che sono e vivere armonicamente all'interno della loro natura è virtù/forza. Il primo capitolo di questo libro si intitola «Il Tao» e l'ultimo «Unione». L'unione sessuale è un compimento fisico della virtù/forza, il *tê* del Taoismo. È la risoluzione della dicotomia fisica di maschile e femminile, di io e non-io. L'uomo penetra la donna mentre la donna riceve l'uomo. Due corpi diventano un corpo solo. La separatezza fisica viene trascesa. Ciascuno è il completamento dell'altro.

Nell'unione si risolvono anche altre dicotomie delle rappresentazioni archetipe di maschile e femminile. La durezza del maschile interagisce con la mollezza del femminile, e così anche il loro dare e ricevere, trovare e perdere, la loro fermezza e cedevolezza. Nell'unione, il vuoto fisiologico della donna è colmato dalla pienezza fisiologica dell'uomo, finché il vuoto della donna vuota la pienezza dell'uomo. Di fatto vi è una simmetria bilaterale tanto nella sessualità quanto nella coscienza che è intrinseca al pensare e all'agire. L'unione è la messa in atto della loro risoluzione.

Ma la via del Tao esige anche che le dicotomie non vengano risolte. Così come c'è lo yin dell'unione, c'è lo yang della separazione. Ciò che si incontra deve anche dividersi. Nel Taoismo le energie sono ritmiche, non lineari. Il Tao non si segue trattenendo ciò che si raggiunge, bensì tenendo in equilibrio ciò che inevitabilmente deve cominciare e finire, venire e andare, innalzarsi e cadere, riempirsi e vuotarsi. Al pari della comunione fra l'uomo e la donna, bisogna anche riconoscere la loro separatezza.

Tuttavia, perfino quella separatezza è impregnata di una partecipazione al più vasto disegno delle cose. Siamo allo stesso tempo un io separato e una parte che si intreccia al tessuto totale del tutto. Siamo, allo stesso tempo, io, amante e tutto.

Le spiegazioni sono difficili perché sono legate alle convenzioni della lingua. La lingua è lineare: vuole demolire e stendere in una successione esperienze che sono intrinsecamente complete e simultanee, che sono gestalt. La linearità non è che una parte del tutto.

La lingua distorce anche in altri modi. Il Tao, per esempio, è usato grammaticalmente come un sostantivo ma non va inteso come tale. È piuttosto un gerundio, né sostantivo né verbo. Non è né una cosa né un'idea. Somiglia a una funzione quantistica delle onde, sospesa da qualche parte tra la cosa e l'idea, a un sostantivo indistinto e a un'idea non concepita. Non è vincolato dalle concettualizzazioni né districato dal pensiero. Non è limitato dalla struttura o dalla convenzione di questo modo di scrivere e pensare. Affinché una cosa possa essere compresa, deve necessariamente costituire il contenuto di un pensiero. Il Tao non può essere capito perché è più vasto del pensiero. È un processo a cui possiamo armonizzarci, ma non una cosa che si presta a essere compresa o separata dalla vita in quanto è la totalità stessa.

L'atto di amare è caratterizzato da un'inafferrabilità analoga proprio perché è noi. Amare è un processo, un mutamento all'interno di un mutamento, un processo relazionale che riconosciamo solamente a causa di un'immaginata immutabilità e separatezza. L'amare è relazione, noi siamo relazione e il Tao è relazione. Come mette in evidenza la teoria della relatività, tutto è, di fatto, relazione. L'amare è la relazione inafferrabile tra ciò che si chiama separatezza e unione.

La relazione che chiamiamo amare è altrettanto insita in noi di quanto lo sia il calore nel fuoco, la durezza nella pietra, il vento nell'aria. Ma non c'è bisogno che diventiamo astrusi e boriosi riguardo a una qualità che attribuiamo esclusivamente a noi stessi. L'antropocentrismo è quello che dovremmo aspettarci da noi stessi. Siamo assorti nell'essere noi stessi esattamente quanto lo è un albero nell'essere albero. Ogni forma di relazione ha un potere avvincente simile. Le radici sono intente al terreno e all'acqua, le foglie all'aria e al sole. Il fiore non aspetta forse il polline? La relazione tra due amanti tutti presi da se stessi è uguale a quella di due cose qualsiasi immerse in se stesse. Tutto è assorto nell'essere ciò che è e si perde in quella dedizione.

Gli amanti completamente presi da se stessi creano la propria libertà, poiché la libertà di ogni cosa consiste nella sua propensione a conoscere e a fare solamente ciò che essa è di per sé. Essere immersi in noi stessi è la condizione che chiamiamo libertà. Allo stesso tempo, non possiamo fare altro che conformarci disinteressatamente all'armonia più vasta delle cose. Secondo il modo taoista di capire, l'amore è come la libertà, e non dovrebbe essere considerato un assoluto.

Gli amanti in armonia reciproca mettono in atto l'uno verso l'altra lo stesso principio di relazione che il saggio ha con il mondo. Sperimentano un'espansività e una profonda intesa che potrebbero chiamare libertà o amore, ma che è virtù/forza. Gli amanti che si amano liberamente prendono parte allo stesso processo in cui il saggio taoista si muove con il Tao. Così tutto è onorato e ogni cosa sembra compiere se stessa.

Gli amanti sono liberi di essere se stessi di modo che possano ricevere se stessi. Così come gli amanti ricevono se stessi, ogni cosa riceve se stessa. In fondo, il nostro è un uni-verso. Proprio in questo gli amanti sono inconsapevolmente taoisti. Tramite se stessi, se riescono a essere abbastanza grandi da vedere più in là dello sguardo ristretto negli occhi dell'altro, gli amanti trovano l'accesso alla via dei saggi. Il processo mediante il quale realizzano se stessi è uguale al processo con cui ogni cosa realizza ogni altra cosa.

L'arte del taoista consiste nel vivere con il mondo in uno stato di reciproco appagamento erotico. Erotico non è semplicemente sessuale. Erotico significa una profonda reciprocità, un profondo equilibrio tra opposti, un dissolvere gli spigoli delle cose in modo che ciascuna si fonda con tutte le altre pur rimanendo se stessa. Naturalmente, per gli amanti, è nell'unione che la passione e la compassione raggiungono il profondamente erotico. Per il saggio, è un modo olistico di muoversi in equilibrio con il mondo lasciandolo contemporaneamente in equilibrio con se stesso.

L'equilibrio tra uomo e donna costituisce per gli amanti saggi il principio di un più vasto processo di equilibrio. Quando l'uomo e la donna si bilanciano a vicenda, allora quell'equilibrio ha la possibilità di generalizzarsi. Gli attributi di controllo e di dominio dello yang vengono bilanciati dagli attributi di cedevolezza e di nutrimento dello yin. Acquistiamo un atteggiamento più morbido nel mondo, e da «uomini» ci evolviamo in «genere umano».

Le grandi cose si realizzano a poco a poco. Anche se l'equilibrio tra uomo e donna potrebbe racchiudere implicazioni più vaste, il modesto compito di questo libro è di approfondire e armonizzare l'energia maschile e femminile. Come lo yin e lo yang nel taoismo, femminile e maschile sono i due appigli della nostra realtà umana. Come uomo o donna dobbiamo venire a patti con noi stessi e con il nostro complemento sessuale, non solo dal punto di vista fisico, ma anche da quello filosofico ed estetico.

Proprio come un pesce può contare sull'acqua per nuotare, così l'uomo e la donna possono contare sulla loro reciproca attrazione sessuale come mezzo per calarsi più in profondità in se stessi e nel Tao. Una maggiore consapevolezza da parte della mente della profondità e della portata della sessualità aumenta anche la consapevolezza del corpo, di modo che l'energia fisica e quella mentale si accrescono a vicenda. Questo libro non pone l'accento sulla sessualità fisica, bensì sulle sue dimensioni filosofiche ed estetiche. Bisogna dare più peso a questo aspetto per bilanciare un atteggiamento culturale che pende dalla parte della fisicità inconsiderata. Il raggiungimento dell'equilibrio dà accesso all'esperienza olistica dell'unità.

Che cos'è l'esperienza olistica dell'unità? Le parole non possono spiegarlo perché non includono il linguaggio del corpo. Ma l'esperienza nel suo complesso sa quando gli opposti di maschile e femminile, di uno e altro, di mente e corpo si incontrano in maniera totale. L'unione sessuale è, sì, un'unione fisica, ma è anche un'unione simbolica di opposti archetipi; è al contempo una realtà e una rappresentazione dell'energia procreativa che muove tutto verso l'unione. In questo modo ogni cosa viene ri-caricata e re-innovata. L'unione sessuale costituisce l'inclusione dell'esterno e dell'altro nell'interno e nell'io. In questo modo interno ed esterno, io e altro si dissolvono.

Questa risoluzione dà ancora luogo alla separazione tra uomo e donna, e poi alla divisione della donna nella prole, che a sua volta si unisce e si divide. E così, di generazione in generazione, continua il ritmo pregno.

Ma la biologia tende verso se stessa. Quel che dobbiamo fare è coltivare l'arte di essere sia passivi sia attivi, di lasciarci al contempo sfruttare dall'energia sessuale e di sfruttarla a nostra volta. Il nostro compito è quello di trovare un modo in cui il corpo perfettamente vigile venga unificato a un'attenzione perfettamente vigile e continua, per riuscire a raggiungere uno stadio del corpo e della mente dove la piena energia sessuale dell'uomo e della donna possa dilatarci. Essere pienamente sessuali significa essere abbastanza arricchiti e pregni per poter far fronte a quel ricco e pregno elemento primario che è la virtù/forza.

La virtù/forza si trova muovendosi verso la confusione profonda finché accade qualcosa di profondamente sconcertante. In questo modo, anziché raggiungere l'amore, ci caliamo più addentro all'amare. Il processo di equilibrio taoistico tra uomo e donna consiste nello spostarsi sempre più in profondità nella relazione finché non accade qualcosa di profondamente importante.

Il Tao delle relazioni

Il Tao

1. Preparandosi per questo momento

L'acqua non scorre in su, verso la separazione della montagna, ma in giù, verso l'unione del mare. L'uomo e la donna sono l'uno il corso discendente dell'altra.

Scorrete l'uno con l'altra, e muovetevi insieme sempre in giù, verso l'unione del mare. Lasciatevi di buon grado muovere, trasportare, prendere dalla spinta primaria. È infallibile. È dal primissimo principio che sta preparandosi per questo momento.

2. Oltre la misura

C'è qualcosa tra l'uomo e la donna che i cinque sensi non possono trovare. Ascoltate e ci sarà silenzio. Odorate e assaggiate... niente. Toccate il vuoto. Nessun occhio l'ha mai visto. Dove sono la sua altezza, la sua larghezza, la sua profondità e il suo peso? Le parole dicono che è qualcosa eppure non può essere misurato.

È dato e non guadagnato, si riceve ma non si prende. Accade a noi e per noi e con noi, eppure non si può trovare.

Ciò che non si può trovare non si può perdere. Senza misura, è oltre la misura.

3. Solo agire

Mentre scorre dalla montagna verso il mare, il ruscello tocca ogni sasso che si trova sul suo percorso. La pioggia bagna là dove cade; dalla cosa più alta alla più bassa, dalla più dura alla più molle, dalla più secca alla più fradicia.

Acqua indiscriminata. Imbeve e nutre ogni cosa. Al di sopra dell'accettare e del respingere, è addirittura al di sopra dello scegliere. Nessuna volontà. Nessuno sforzo. Solo agire.

4. Rimanendo fermi

Il dono del Tao è il più grande di tutti. Come può essere dato? Rimanendo fermi quando gli altri non riescono a controllare il proprio dare; rimanendo fermi quando gli altri non riescono a controllare il proprio prendere.

Quando ci sono montagne, l'acqua scorre via. Quando ci sono valli, l'acqua vi confluisce.

È l'immobilità mobile che esiste tra l'uomo e la donna il loro dono reciproco più grande. Confidate nell'immobilità. State fermi insieme e si muoverà.

5. Il Grande Assenso

La Grande Madre è il recipiente vivente di tutto. La sua vita si trova in ogni cosa.

Senza fare niente, permette a tutte le cose di esistere. All'interno della sua grande rotondità, il marrone e il verde e le creature prosperano di se stessi. Solo lei è, come una promessa a tutto, in modo che ogni cosa possa agire come se stessa.

A causa della Grande Madre c'è un legame attuale tra tutte le cose. Rotonda e avvolgente, è il vuoto pieno in cui tutto avviene. Parte di tutto, e tuttavia presente in nulla, ella è il Grande Assenso.

6. La stanza sconfinata

Niente pareti, e non c'è una dimora. Nella stanza troppo piccola non si può vivere. È il vuoto interno che deve essere confortevole.

Il luogo che alberga l'unione di un uomo e una donna deve definire ma non costringere, racchiudere ma essere spazioso. Nel dimorare di due insieme, trovate la stanza sconfinata.

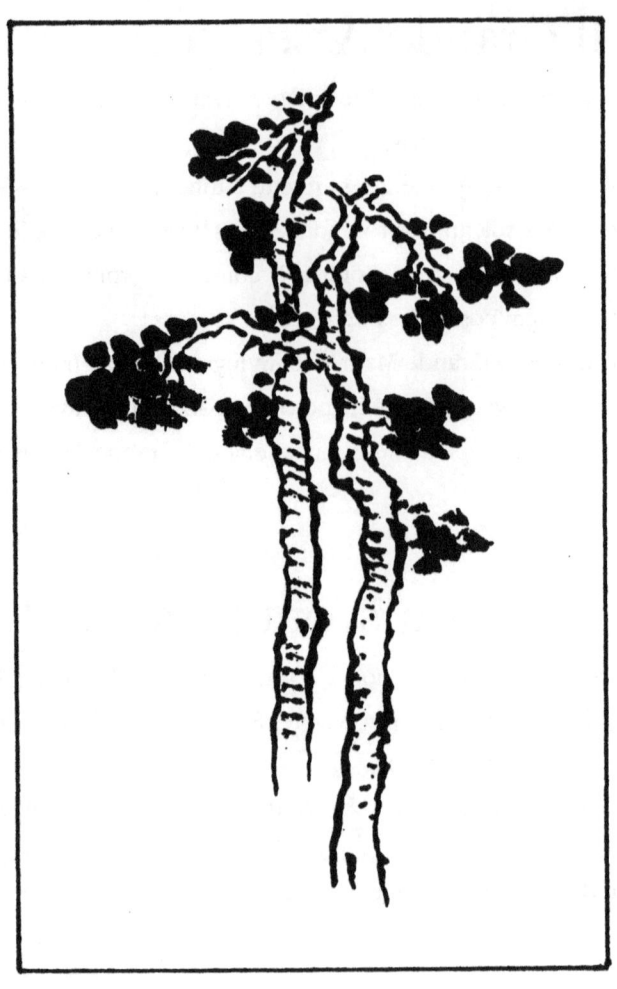

7. Per conservare il legame

Per conservare il legame che esiste tra uomo e donna, mantenetelo con timore.
Indossatelo come il vento e il mare. Abbracciatelo come una montagna.

8. Prendetevi l'un l'altra come se

Ciò che si conserva sarà perduto. Ciò che si perde sarà conservato. Prendetevi l'un l'altra come se conservare non fosse possibile.

9. Diviene dall'interno

Possedete, e perderete. Tentate, e fallirete. Lottate, e sarete sconfitti. Per arrivare, sciogliete. Per scoprire, cedete. Per credere, vuotatevi. Per ricevere, onorate.
Quel che sembra complicato è semplice e si lascia seguire con facilità perché non è dato dall'esterno bensì diviene dall'interno.

10. Non un mistero

E chiamato il Tao. Poiché è in ogni cosa, è tra tutte le cose. È dovunque, in ogni istante. Quindi non è un mistero. Ma cercatelo e non si lascerà trovare. Dedicategli i vostri pensieri e sarete presi dalla confusione.

Per avvertire il profumo... basta respirare. Per sentire... basta ascoltare. Per trovare... basta aprire. È così che l'uomo e la donna non si trovano l'un l'altra ma sono scoperti l'uno dall'altra.

11. Senza

Senza orecchie, ascoltate attraverso il silenzio. Senza occhi, guardate attraverso l'oscurità. Senza parole, conoscete l'inespresso.

12. Gioco sciocco

La finzione non può essere mantenuta, né la disonestà per sempre nascosta. Le facce dipinte saranno smascherate. Solo quelli che hanno dimenticato che ingannano sono raggirati dall'inganno. Per gli occhi che vedono, che gioco sciocco!

Dove mai nell'universo si può nascondere qualcosa? Perciò un grano di onestà è più grande di mille astuti inganni.

13. Il punto da cui iniziare

La finzione oscura l'ovvio. Non siamo quel che fingiamo di essere. Nemmeno gli sforzi ci rivelano. Affannarsi non fa che peggiorare le cose. Una volta tolti di mezzo gli sforzi e la finzione, ciò che è se stesso diverrà di per sé se stesso. Questo è il punto da cui iniziare.

14. La grandezza del semplice

Anche se il principio sembra complesso, il principio del principio è semplice. Trovate il principio semplice. Il massimo emerge dal più semplice. Al centro del più vasto c'è il più piccolo. Trovate la grandezza del semplice.

Guardatevi dalla finzione e dagli adornamenti. Quando cercate l'importante, attenetevi al semplice. Ciò che è grande non è mai complicato. Confidate nel semplice. Da esso derivano l'intesa e l'armonia. Il massimo si trova sempre nel minimo.

15. Attenetevi all'ordinario

Avvicinatevi al mistero comune. Attenetevi all'ordinario. Non c'è nient'altro da trovare. Tutto il vagare del pensiero ritorna al principio e riconosce l'ovvio. È la saggezza che vede l'ordinario con stupore.

16. Tenete in equilibrio l'universo

Troppo forte e non ci sentono. Troppo sgargianti e non ci vedono. Troppo estrosi e siamo nascosti. Troppo e siamo oscurati.

Lasciate che la parola venga dall'intimo più profondo, dal luogo quieto. Lasciate parlare il silenzio. Tendete le orecchie per sentire il silenzio. Ascoltate il suono tra le parole.

Siate pazienti e solerti. È la superficie ad apparire per prima. Date tempo alla profondità di trovare la profondità.

In ogni momento, tenete in equilibrio l'universo.

17. Pensieri e domande

Dove prendiamo nuovi corpi? Alla fine ogni corpo decade; alla fine ogni io si perde. L'io di ogni corpo deve riconoscere l'umiltà del suo stato.

Ora procedete in maniera ordinaria. Dimenticate che i pericoli maggiori sono i pensieri e le domande.

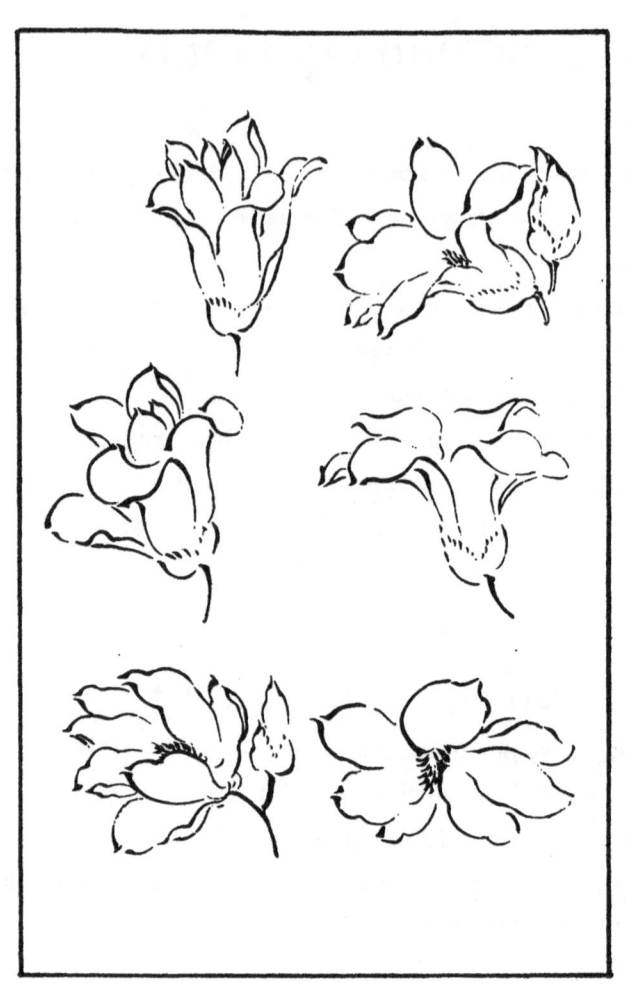

18. A causa del nostro mutare

Lo spazio tra l'uomo e la donna non può essere colmato e non può essere vuotato. Colmatelo e ci sarà ancora posto. Vuotatelo e resterà ancora qualcosa.

Cercatelo e non si lascerà trovare. Chiamatelo e non verrà. Perdetelo e non si perderà.

Poiché non ha valore, è al di sopra del valore; poiché è al di sopra del valore, è dato gratuitamente. Grandi imprese non possono guadagnarlo. Una volta trovato, non può essere contenuto.

Di momento in momento è diverso, ma mantiene lo stesso nome a causa del nostro mutare.

19. Trovare è riconoscere

Se è semplice come l'uomo e la donna che si incontrano, perché è così difficile? Quanti sforzi! Quanto smaniare e cercare, complottare e altercare, insistere e implorare! Quante storture! Qualcosa diventa d'impaccio e il semplice si fa complesso.

Trovare è riconoscere, non fare. Desiderare e bramare e sperare, perfino la solitudine: è meglio dimenticarli perché intorpidiscono l'acqua della mente.

20. E la sua fugacità

Quando le cose sembrano difficili, tenete a mente il facile e la sua fugacità. Quando le cose sembrano facili, tenete a mente il difficile e la sua fugacità. Così si conservano la pazienza e la prospettiva, e si evita l'autocompiacimento.

21. Con la domanda pronunciata

Fermate il movimento ed esaminate il suo mutare. Togliete al vuoto. Aggiungete al pieno. Nominatelo e perdetelo nella trappola delle parole. Con la domanda pronunciata, rompete la risposta silenziosa.

Guardate nell'oscurità. Tastate nel vuoto. Ascoltate nel silenzio.

22. Così ovvio

Come il Tao, è così vasto che non lo si può evitare, così piccolo che non lo si può trovare, così ovvio da risultare inafferrabile. Quando l'armonia non è frutto della sottomissione o la pace della sopraffazione o la quiete dello zittio, allora è presente.

Sparisce quando ci si sforza, si perde quando si prende. È dato quando si riceve, riempito quando ci si vuota.

23. Il viaggio verso il principio

Perdete l'ordinario per trovare l'ordinario. L'inconsueto afferma il valore del consueto. Distaccatevi dal familiare per conoscere finalmente il familiare. Tutto il nostro viaggiare riconduce all'ordinario. È l'ordinario a essere straordinario.

Siate vanitosi, agghindatevi in maniera stravagante, e allo stesso tempo perderete e troverete qualcosa. Perdete senza trovare, e facilmente cadrete in un agguato durante il viaggio verso il principio.

24. Il terreno silenzioso

Il semplice è tralasciato dalla complessità. Il facile sfugge all'intelligenza. È con difficoltà che ci rendiamo ridicoli.

Cominciate con il vuotarvi. Quindi ascoltate e osservate. Ascoltate l'udire, osservate il vedere. Con le orecchie tese, ascoltate dimentichi. Con gli occhi spalancati, guardate dimentichi. Il terreno silenzioso risuonerà. L'aria vuota è piena.

Il Tao non può essere separato da se stesso.

25. Praticate l'umiltà

Praticate l'umiltà, e non cercate di superarvi a vicenda. Un vincitore richiede un perdente. Il castigo provoca la rappresaglia. È davvero uno sciocco circolo in cui ritrovarsi intrappolati.

Nasciamo in umiltà e in umiltà moriamo. Dal principio alla fine, è una via sperimentata.

26. Le parole sono facili

Le parole sono facili da usare ma a che servono? Il Tao non può essere espresso. Passate in rassegna tutte le parole e nessuna sarà utilizzabile. Chiamatelo il Tao, ma il suo nome non corrisponde a ciò che è. Dov'è il Tao? In ogni parola. Tra una parola e l'altra. Oltre ogni parola.

Dimenticate le parole. Seguite nell'intimo gli insegnamenti dei saggi e poi liberatevi sia degli insegnamenti sia dei saggi. Allora il Tao sarà presente.

Ma ricordate un solo consiglio e il Tao sparirà. Nominate una sola cosa e il Tao vi sfuggirà. Non pensate nemmeno a una parola.

27. Possedere il cielo

Fermate l'acqua e afferrate il fiume. Aggrappatevi all'aria e possedete il cielo. Che sciocca contesa. Per afferrare il fiume... fatevi fiume. Per possedere il cielo... fatevi cielo.

28. La naturalezza della nascita e della morte

Ogni concepimento e ogni nascita avviano il flusso dell'oscurità verso la luce; ogni vita e ogni morte avviano il flusso della luce verso l'oscurità.

Il giorno non può essere fermato. La luna si sposterà nella sua rotta. Le stagioni mutano secondo il ritmo che è loro proprio. Siate in pace con l'ordine naturale. Accettate la morte come avevate accettato la nascita.

Ogni attimo è nascita e morte. Il momento è sempre presente quando ogni cosa si libera e ci lasciamo portare dal Tao.

Cogliere il momento giusto è importantissimo. Per evitare il troppo presto o il troppo tardi, siate al contempo vigili e indifferenti. L'universo intero dipende da ogni istante, tuttavia non una sola cosa ha importanza. Ogni momento ha la stessa naturalezza della nascita e della morte.

29. Trovati da una via

È il vuoto che sta nel mezzo ad avvicinare l'uomo e la donna. Cercatelo e sarà perduto. Seguitelo e sarà irraggiungibile. Per trovare il vuoto... prima vuotatevi. Senza il desiderio, senza il bisogno, siamo trovati da una via.

30. Incontrarsi come l'acqua

Al di là della forza c'è la cedevolezza e al di là della cedevolezza c'è la forza. Le risposte si trovano al di là delle domande e le domande si trovano al di là delle risposte. Al di là dell'uno c'è l'altro. Al di là di entrambi c'è il Tao.

Per capire al di là di entrambi, volgete il pensiero al di là dell'uno e dell'altro verso la totalità. Come può la mente essere tanto grande? Pensando in piccolo. Anche nel minimo c'è la totalità del Tao.

Come possono l'uomo e la donna andare al di là di entrambi? Infrangendosi e incontrandosi come l'acqua.

31. Poiché esiste da tanto tempo

La spinta originaria c'era molto tempo prima e ci sarà molto tempo dopo. Poiché esiste da tanto tempo, non può venir meno adesso. Accettatela e vivete armonicamente al suo interno. Ha più di quanto possa completare due vite.

32. Per trovare il Tao

Usate entrambi i piedi per camminare. Usate entrambe le orecchie per sentire. Usate entrambi gli occhi per vedere. Per capire, uno non basta. Usate entrambe le menti per trovare il Tao. La mente che cerca con la mente dell'io trova solo l'io. Usate sia la mente dell'io sia quella del non-io per intendere appieno.

Perdete l'io per trovare il non-io. Perdete l'uno per trovare l'altro. Perdete entrambi per trovare il Tao.

33. Ogni è

La mente racchiude ogni è con il non-è, e conclude ogni non-è con l'è. Solo con la mente dividiamo e distinguiamo l'uno dall'altro. Con una mente piccola, l'uno è definito dall'altro. Con una mente vasta, l'uno si accompagna all'altro. Con la non-mente, l'uno è l'altro.

34. Sotto ogni conoscenza

Il mistero esiste perché esiste la non-conoscenza. Eppure, sotto ogni conoscenza c'è la non-conoscenza. Perciò ogni conoscenza approfondisce il mistero.

Eppure perfino nella conoscenza esiste il mistero della conoscenza.

35. La via del Tao

La via del Tao consiste nel vuotarsi quando c'è troppo e nel riempirsi quando non c'è abbastanza. Questa è la sua via. Quando la mente è troppo piena, va vuotata. Quando è vuota, sarà riempita dal Tao.

Quando l'uomo e la donna sono felicemente pieni l'uno dell'altra, mantengono il vuoto che bilancia la pienezza. Quando sono infelicemente pieni l'uno dell'altra e desiderano entrambi ricominciare, devono prima vuotarsi.

Uomo/Donna

36. Vicini alla Grande Madre

Il dolce non è sostanziale; il sostanziale non è dolce. Il sostentamento porta i sapori della terra.

Tenetevi vicini alla Grande Madre. Dove, altrimenti, facciamo sempre ritorno? Siamo i suoi frutti e il suo grano. Radicati nelle sue terre cresciamo là dove ci troviamo. Nascendo da lei siamo nutriti e mietuti dalla sua saggezza.

L'uomo e la donna sono la terra vivente. Foraggiati dalla sua grazia ci troviamo, tocchiamo la sua carne, beviamo i suoi nettari, prosperiamo nei suoi semplici tesori.

37. Entrambe le metà dell'Adesso

Non esiste l'uomo da solo o la donna da sola. La natura dell'uno rende necessaria l'altra.

Che strano lottare contro l'essenza delle cose. Quanto è più saggio farsi della stessa essenza delle cose.

Quanto dobbiamo diventare grandi? Come l'uomo e la donna. Grandi come entrambe le metà dell'Adesso.

38. Il completamento di ciascuno

L'uomo da solo, nella sua virilità, è incompleto. La donna da sola, nella sua femminilità, è incompleta.

Che strenuo sforzo quando ognuno cerca di trovare l'altro in modo che ci siano entrambi.

Ecco perché ci sono l'uomo e la donna, e il completamento di ciascuno è l'altro.

39. Mediante l'inconoscenza

Lui, il noto, è cercatore dell'ignoto. Lei, l'ignoto, è custode dell'ignoto.

Non vista, l'oscurità del luogo della donna è l'origine prima che attira l'uomo al di là della conoscenza verso la non-conoscenza.

Una volta raggiunta la conoscenza, il Tao può essere trovato solo mediante la non-conoscenza.

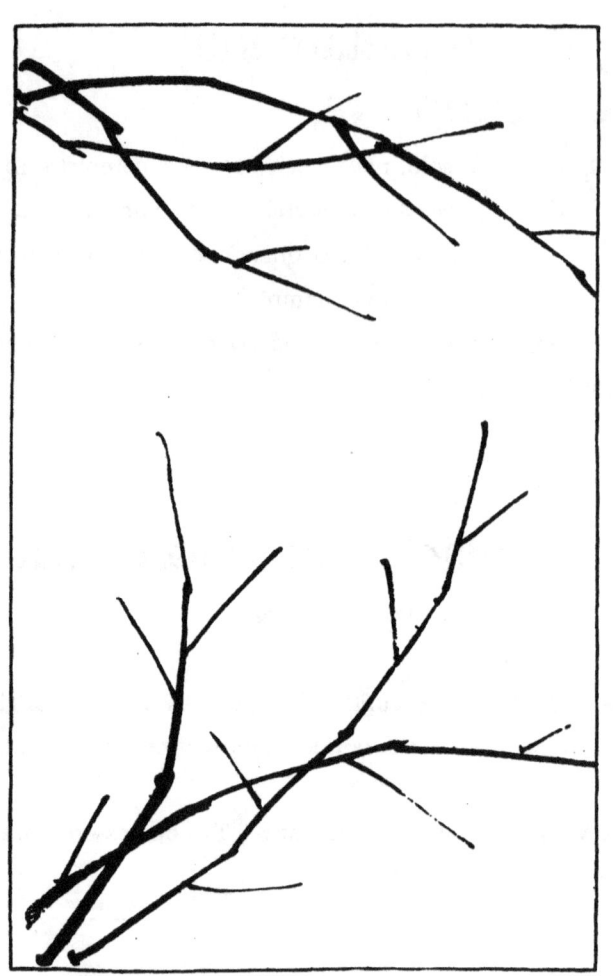

40. Il silenzio indiviso

Poiché si è nominato, si è anche diviso. Poiché l'uno segue l'altro, dopo la divisione ci sarà l'interezza.

Perciò, nominate e dividete, di modo che possa seguire l'interezza. Chiamate la donna con il nome donna e dividetela dall'uomo. Chiamate l'uomo con il nome uomo e dividetelo dalla donna. Oltre il chiamare e il nominare e il dividere, trovate l'interezza e il silenzio indiviso.

41. Sciocca serietà

Come possono l'uomo e la donna, cercandosi, essere sereni? Che ossessione! Ogni sguardo vede solo la ricerca e il mondo intero è ridotto a un unico bisogno. La fame attanaglia sotto la pancia, il cuore riecheggia solitario e vuoto, e ognuno diventa possibilità. Quanti sforzi e rituali e diramazioni! Quanta sciocca serietà.

42. Il semplice e il grande

Per quelli che sono avidi di beni, ricordate che il legame tra l'uomo e la donna non richiede nulla. Avere molto oscura in modo tale che il semplice e il grande vengono nascosti dal fugace e dal futile.

43. Il centro nascosto dell'altro

Troppo non nasconde abbastanza. La rumorosità camuffa l'incertezza. La fretta tralascia la sollecitudine. Le parole celano la confusione. La certezza maschera la futilità. Il complesso oscura il semplice e il semplicistico oscura il profondo.

Fra il troppo e il non abbastanza c'è l'esatto centro, che è là dove siamo. Per l'uomo e la donna che si trovano a vicenda, ognuno comprende il centro nascosto dell'altro che cerca di tenersi in equilibrio con il mondo.

44. Solo in quanto se stessa

Grandi sperperi e proprietà, tenersi al passo con la moda, prestare attenzione a tutti gli altri... Che cosa c'entrano queste cose con il semplice stare insieme dell'uomo e della donna? Sono fardelli che intralciano l'agevole, ostacolano l'ordinario, oscurano il Tao.

Il troppo è un pericolo altrettanto grande del troppo poco. Se c'è troppo, coltivate l'austero e onorate il semplice. L'uomo e la donna si incontrano nudi e la cosa più grande che si fanno a vicenda avviene solo in quanto se stessa.

45. Abbracciati dal vuoto

Ciò che non è, è vuoto. Ciò che è, è abbracciato dal vuoto. Al di là dell'uomo c'è sempre il vuoto-donna dell'universo.

L'uomo è sempre contenuto dal vuoto. Qualunque cosa faccia, dovunque vada, non ha scampo dall'abbraccio della Grande Madre.

46. Nella sua stretta

Tonda e abbondante, ella è curva del fianco e profondità della promessa e origine del nutrimento. È donna terra e saggezza, che offre e dà, nutre e completa.

Duro e rado, egli è origine della forza ed estensione della ricerca e forma della lotta. È uomo montagna e conoscenza, fa e muove, prende e plasma.

Così come la montagna ha origine dalla terra, l'uomo ha origine dalla donna. Tutto deriva dalla Grande Madre in cui l'uomo, come un bambino, gioca tutto serio sul suo grembo e nella sua stretta.

47. Avvinti l'uno dall'altra

Fluttuate nell'aria dell'idea e sparite nella sottile brezza del pensiero. Dove, allora, sono il corpo che nasce dal suolo e la carne che appartiene alla carne?

Toccate la terra. Odorate la sua fragranza. Assaggiate i suoi sapori. L'uomo e la donna sono avvinti l'uno dall'altra alla terra.

48. Il tronco e le radici delle parole

L'albero si innalza nell'aria avvolgente e il cielo lo cinge; le sue radici affondano nel suolo saldo e la terra le nutre. In questa unione sono contenuti il movimento e l'abbraccio dell'uomo e della donna originari.

Il modo di conoscere la loro unione non è costituito dalle parole, perché queste non afferrano la contemporaneità del movimento e dell'immobilità, del dare e del ricevere, dell'esterno e dell'interno, della durezza e della mollezza, del trattenere e del cedere.

Il tronco e le radici delle parole cercano su e giù tra il vuoto dell'aria e la pienezza del suolo. I pensieri si levano e scendono insieme alle parole, mentre la conoscenza si trova nel silenzioso abbraccio della Grande Madre.

49. L'uomo fuori dal comune

La carne chiamata uomo è piccola nella vuota pienezza della Grande Madre. La carne chiamata donna possiede il vuoto e si apre per avvolgere in sé perfino il vuoto pieno della Grande Madre.

È l'uomo che con tutti i suoi sforzi cerca di cambiare e riempire la Grande Madre; è la donna che con la sua presa cerca di abbracciare la Grande Madre.

Ecco perché è difficile per l'uomo comune farsi molle, vuotarsi, abbracciare; e perché è solo l'uomo fuori dal comune che può essere più grande dell'uomo.

50. Apprendistati

L'apprendista picchia con lo scalpello e il legno si scheggia; il maestro tocca e il legno cede e si anima.

Anche l'uomo e la donna devono fare apprendistato finché ognuno dei due sarà uno con l'altro e si animeranno insieme.

51. Trovati più facilmente

Chi sarà trovato dalla donna quando un uomo non ha ancora trovato se stesso? Chi sarà trovato dall'uomo quando una donna non ha ancora trovato se stessa? Esplorate e scoprite ciò che è all'interno. Quando troviamo noi stessi, siamo trovati più facilmente dagli altri.

52. La maniera del saggio

Coltivate la prudenza ma vincete la paura. Bilanciate il dare e il ricevere. Temprate la premura con la pazienza. Non siate i servi e i padroni di nessuno. Non seguite nessuno ma imparate da tutti. Conoscete l'io e il non-io; poiché l'interno e l'esterno sono l'un l'altro, l'interno pieno richiede l'esterno pieno. Trovate la maniera del saggio di pensare agendo.

A dispetto delle grandi distanze, non c'è alcun luogo dove andare; a dispetto di tutti gli altri luoghi dell'universo, la risposta è qui. Non ci sono destinazioni, solo il viaggio compiuto dovunque ci troviamo.

53. L'uno che è entrambi

Che sciocchezza l'idea che l'uomo e la donna dovrebbero cercare di conquistarsi a vicenda. Non fatevi guidare né dall'uno né dall'altra ma da tutti e due insieme. Seguite la vocazione originaria e umiliatevi davanti all'uno che è entrambi.

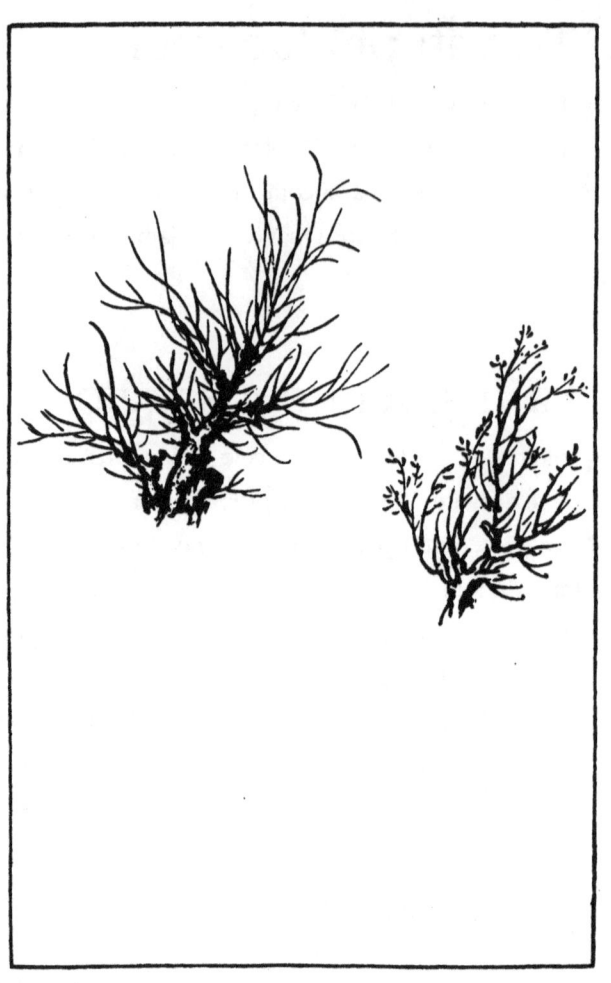

54. L'interezza ritrovata

È un fatto davvero propizio che la metà dell'uomo e la metà della donna debbano ognuna essere completata dalla metà dell'altro. Le metà vengono unite e le incompletezze completate. Nel perdersi di ciascuno in entrambi e in uno l'interezza è ritrovata.

55. Che ciascuno possa diventare più grande

Che cosa c'è di più grande dell'unione degli opposti chiamati uomo e donna? La donna completa l'uomo e l'uomo completa la donna. Ciascuno si perde in modo che entrambi possano essere più grandi dell'uomo o della donna da soli. Interno ed esterno spariscono, io e non-io si risolvono. Due diventano uno rimanendo due.

56. Entrate in mezzo

Confidate in ciò che è in mezzo all'uomo e alla donna. Anche se presente, non si lascia comandare; anche se chiamato non verrà.

Senza desiderio né bisogno né pensiero, entrate in mezzo all'uomo e alla donna. Una volta che vi troverete là in tutta quiete, apritevi pian piano e lasciatevi portare dalla spinta originaria.

57. Quando c'è il Tao

Quando la goccia d'acqua si libera e il grande fiume scorre, là c'è il Tao. Quando il germoglio di primavera si schiude e la foglia d'autunno cade, là c'è il Tao.

Quando in mezzo all'uomo e alla donna c'è il Tao, è come il sole del mattino che si leva da sé.

58. Ridere in silenzio

Dal luogo immobile didentro, quanto appare sciocco il cercarsi a vicenda dell'uomo e della donna. Come si fa a prenderlo sul serio? Le occhiate e i bisbigli, le domande e le sollecitazioni, lo scambiare l'io con l'io.

Eppure subentra un tale sollievo quando due vedono chiaramente l'uno dentro l'altra e la ricerca viene dichiarata conclusa.

Dal luogo immobile e dal letto di morte, che cosa si può fare se non ridere in silenzio? Tanta serietà che finisce in sciocchezza; tanta sciocchezza che finisce in serietà.

59. L'archetipo è domato

Ogni uomo racchiude tutti gli uomini; ogni donna racchiude tutte le donne. Quando un uomo si apre a se stesso e scopre di essere tutti gli uomini, è più vicino all'archetipo. E quando una donna si schiude a se stessa e scopre di essere tutte le donne, è più vicina all'archetipo.

In quanto singolo uomo, apritevi per diventare tutti gli uomini; in quanto singola donna, apritevi per diventare tutte le donne. Diventate eccezionali. Sotto l'eccezionale c'è un normale più profondo.

Quando un uomo che è tutti gli uomini incontra una donna che è tutte le donne, l'archetipo è montato. Quando l'uomo conosce la donna come tutte le donne e la donna conosce l'uomo come tutti gli uomini, l'archetipo è domato.

60. L'oscurità originaria

La donna è la detentrice di un'oscurità e di un vuoto segreti. È l'allettante cacciatrice della luce e della pienezza dell'uomo, il quale riempie il suo vuoto e svela il segreto.

Nella sua oscurità originaria c'è la profonda origine e la saggezza segreta che l'uomo insegue. È la depositaria dell'uomo e la portatrice della sua saggezza.

Nella donna, l'uomo trova ciò che è al di là della contesa del pensiero.

61. La morte dell'uomo nella donna

La donna è la generosa e ospitale valle di dolci montagne dove l'uomo giunge di buon grado dalle asperità del mondo per essere sopraffatto.

Lei è calda promessa e rotondità piena di terra e luna davanti alla quale perfino la saggezza del cielo rimane senza parole.

È la presenza del principio primario da cui sorge l'uomo. La nascita e la vita lo spingono via ma il desiderio e la morte lo riattirano indietro.

La morte dell'uomo nella donna è la sua rinascita.

Lei è la conferma dei piccoli e grandi ritmi del sangue e delle generazioni, a cui lui torna senza posa per ricevere conforto e liberazione.

62. Il non-è è grande come l'è

Nessuna donna è solo donna; nessun uomo è solo uomo. Senza la donna nell'uomo e l'uomo nella donna, non ci sarebbe alcuna comprensione tra l'uomo e la donna.

Eppure è il non-uomo della donna a costituire per l'uomo il suo mistero e incanto, ed è la non-donna dell'uomo a costruire per la donna il suo mistero e incanto. Il non-è è grande come l'è.

63. Indovinello serio

È pericoloso per l'uomo e per la donna stare insieme con la loro forza di maschile e femminile nel Grande Respiro.

Mentre si tengono al centro, devono muoversi con il respiro e piegarsi con le potenze, altrimenti si spezzano e perdono la loro unione o addirittura la loro separatezza. Mentre si tengono forte, devono lasciare la presa; mentre lasciano la presa, devono tenersi forte. Mentre sono uniti, devono essere separati; mentre sono separati, devono essere uniti.

Che cosa sono la duplicità e la singolarità, l'altro e l'io, il perdere e il conservare, il più e il meno, la forza e la vulnerabilità, l'adempimento e il principio? Che indovinello serio è questo?

64. L'altro corpo di ciascun corpo

Il distaccato appagamento degli occhi non promette l'approvazione degli altri sensi. Questi devono confermare quel che sorride agli occhi.

Quando i corpi trovano il loro posto, tutti i sensi sono incantati dall'altro corpo di ciascun corpo. Nuovo eppure familiare, separato eppure partecipe, l'altro corpo di ognuno dei due è diverso e uguale.

Quando un uomo e una donna fanno ritorno al proprio altro corpo, là c'è il Tao.

65. Il Tao è come il niente

Proprio come le parole possono essere capite solo al di fuori della struttura delle parole, l'atto del pensare può essere capito solo al di fuori della struttura del pensiero. Ogni cosa richiede qualcos'altro per essere capita. Dove porterà un modo di pensare siffatto?

L'uomo capisce l'uomo tramite la donna; la donna capisce la donna tramite l'uomo. Per capire l'uomo-e-donna, c'è bisogno di qualcos'altro. Qualcos'altro ha bisogno di qualcosa in più. Qualcosa in più ha bisogno di tutte le cose. Per capire tutte le cose, capite il niente.

Il Tao è come il niente; una parola non detta, un pensiero non concepito. A causa delle parole, pensiamo che il Tao esista, ma non è una parola, né un pensiero.

66. Senza parole

Le parole hanno diviso l'uomo dalla donna, l'uno dall'altro, questo da quello, al punto che solo i saggi sanno come mettere insieme le cose.

Senza parole, addirittura senza capire, gli amanti si trovano.

67. Vasta armonia

In tutta la vasta e complessa terra dove ogni cosa deriva da tutto il resto, non ci può essere altro che una grande armonia. Il sole splende. La pioggia cade. Le montagne si innalzano dalle valli. I ruscelli scorrono verso il mare. La terra respira i suoi ritmi, e là è il principio chiamato nascita e morte.

L'armonia è dovunque, talmente ordinaria... che di solito sfugge.

Nella grande intesa, ogni dettaglio ha il suo posto. Così, il saggio si attiene al particolare ma è guidato dal generale. Non c'è bisogno di condannare le sciagure o esaltare i miracoli. Perfino l'uomo e la donna... solo straordinariamente ordinari.

68. Silenziosamente certi

Ci sono occhi incerti che gettano sguardi ad altri alla ricerca della conoscenza che devono vedere da soli.

Ci sono cose che solo noi da soli possiamo sapere. Tutti noi siamo gli spettatori segreti, il cui vicendevole profondo scrutarsi spetta a noi soli.

Quando un uomo e una donna sono silenziosamente certi, il legame del loro trovarsi sarà riconosciuto da quelli che vedono, e andando per la propria strada, del tutto indifferenti, gli altri si piegheranno al loro sapere.

69. Lasciate andare

Procedete insieme come uomo e donna mentre bilanciate l'uno e l'altra.

Per bilanciare, lasciate andare l'uomo e troverete la donna, lasciate andare la donna e troverete l'uomo; lasciate andare l'uno e troverete l'altra, lasciate andare l'altra e troverete l'uno.

Poi, trattenendo ciascuno e lasciando andare entrambi, vedete entrambi con chiarezza. Trattenendo entrambi e lasciando andare ciascuno, vedete ciascuno con chiarezza.

70. Se l'uomo volesse solo la luce

Se l'uomo volesse solo la luce, non chiuderebbe gli occhi né giacerebbe con la donna per varcare la porta dell'oscurità. Quelli che vogliono solo la semplice comprensione non corteggerebbero né l'oscurità né la donna.

Così come c'è una grande cecità nella luce, c'è una grande vista nell'oscurità. Dal buio ha origine tutta la vista. L'umida oscurità della donna è la fonte di luce, il luogo originario da cui prese le mosse il principio e al quale fa ritorno la fine.

Quelli che vogliono solo la luce non capiranno i principi e le fini, l'andare e il venire, le grandi maree di tutte le cose.

Quando l'uomo viene alla donna, giunge a un'oscurità speciale.

71. Dalla tranquillità dell'ordinario

Le grandi montagne non coprono tutta la terra; le cascate non formano tutto il fiume. La maggior parte dello straordinario è ordinario.

L'uomo e la donna si fondono nei ritmi di tutti i giorni; faccende quotidiane, silenzio confortevole, desideri che nascono e vengono appagati.

Dalla tranquillità dell'ordinario, l'unione nasce quietamente con la condivisa e semplice banalità.

72. Enigmi di giovani amanti

Tra i freschi pini, dove l'aria è pungente e fina, che cosa direbbe il vecchio saggio? Il vegliardo, che percorre il suo cammino su per la montagna, è forse risparmiato dal dilemma degli amanti?

Che farebbe qualora ogni pensiero della sua mente dicesse «No!» e ogni muscolo del suo corpo ribattesse «Sì!»?

Il sangue attempato raffredda un po' di quel calore per il quale non ci fu il tempo o la necessità di una riflessione. Forse il saggio arriva semplicemente alla saggezza con gli anni.

Come possono i vecchi saggi essere i risolutori degli enigmi di giovani amanti?

Separatezza/Unione

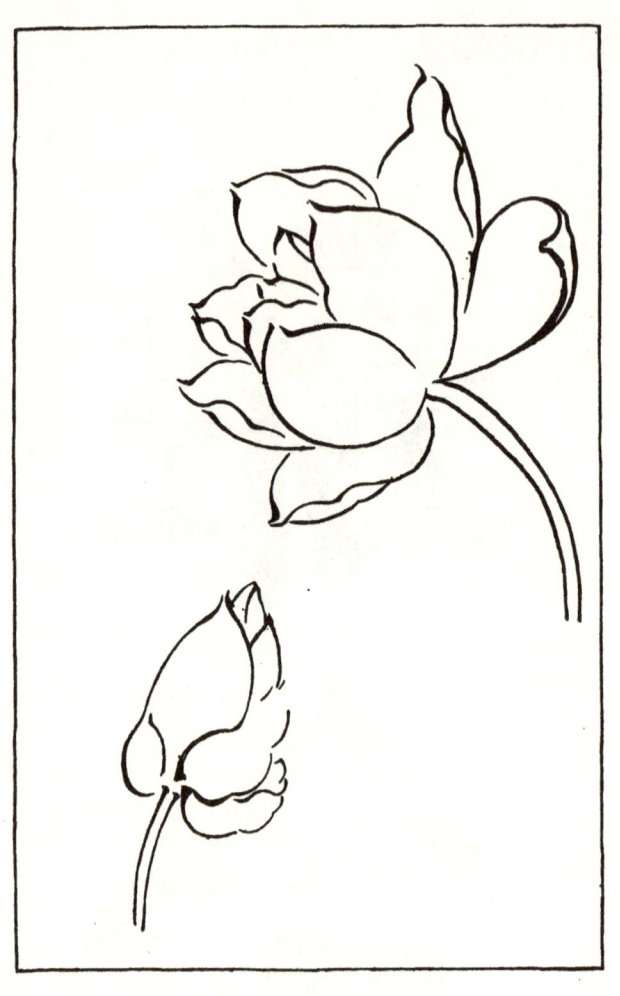

73. Ha origine da se stesso

Se ci fosse bisogno solo dei singoli, i due non esisterebbero. Eppure ognuno di noi nasce da due che si congiungono in uno.

Nell'uomo e nella donna c'è qualcosa di diverso dall'uomo e dalla donna, qualcosa che ha origine da se stesso, cerca se stesso e cresce da se stesso.

È così facile che non può essere guadagnato, così vicino che raramente viene notato.

74. Con il principio e la fine ben chiari

Quando cercate un altro per formare due, tenete a mente la natura dell'uno: nasciamo singolarmente e moriamo singolarmente.

Con il principio e la fine ben chiari, trovate l'equilibrio. Dall'equilibrio derivano la pazienza e l'armonia.

75. Silenzio facile

Quando le parole nascondono il silenzio, ascoltate il silenzio e non le parole.

Le parole facili sono il silenzio della compagnia. Il silenzio facile parla bene dell'unione.

76. Vuoto e pieno

L'incontrarsi è il principio del separarsi; il separarsi è il principio dell'incontrarsi. Quando c'è solo il partire e quando c'è solo l'arrivare? Separate la partenza dall'arrivo, questo da quello, l'uno dall'altro.

L'uno ha origine dall'altro. Quindi allo stesso tempo ricordate e dimenticate.

Qualunque cosa accada è sorprendente e inaspettata. L'imprevisto è riconosciuto e atteso.

Separati o insieme, procedete vuoti e pieni, coscienti e non-coscienti. Così seguiranno l'equilibrio e l'armonia.

77. Nascondendo

Nascondendo un io completo dall'altro io completo si ostacola l'incontro totale.

È già abbastanza difficile per i corpi nudi incontrarsi appieno.

Quando due io sono vestiti di vanità, non possono trovarsi; c'è separatezza nella loro unione, non unione nella loro separatezza.

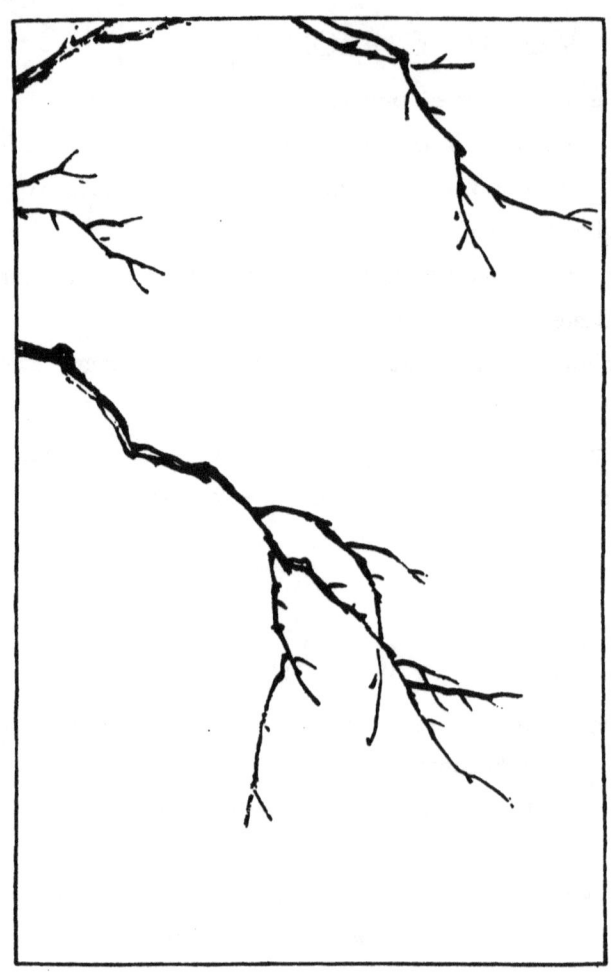

78. Nell'immobilità del momento giusto

La separatezza si stacca come le foglie dall'acero d'autunno. Non serve a niente scuotere l'albero quando le foglie sono ancora verdi.

Perfino nell'immobilità del momento giusto, i rami si spogliano pian piano e diventano nudi gli uni con gli altri.

79. Separati senza separatezza

Abbiamo dimenticato che il guardare scaturì dal vedere e l'ascoltare dall'udire. La separatezza scaturì dall'unione.

Per guardare al fine di tornare a vedere e ascoltare al fine di tornare a udire, riempite il guardare con il guardare e l'ascoltare con l'ascoltare finché il guardare e l'ascoltare risulteranno pieni e facili.

Quindi guardate il guardare, ascoltate l'ascoltare. Vuotate l'occhio e l'orecchio del pensiero. Guardate senza guardare e vedrete; ascoltate senza ascoltare e udirete.

Separate senza separatezza e avrete l'unione.

80. Insieme al massimo

Assente quando ricordato e presente quando dimenticato, il Tao elude in continuazione la mente diretta.

L'uomo e la donna sono insieme al massimo quando sono inconsapevoli della loro unione: come un paio di scarpe comode che agevolano il cammino, come cappotti impalpabili che respingono il freddo, ignari si indossano l'un l'altra.

81. Una cosa deriva da un'altra

I saggi affermano che una cosa deriva da un'altra. La donna ha origine dall'uomo e l'uomo ha origine dalla donna.

L'esterno inizia sempre dall'interno. L'uomo trova la donna trovando prima se stesso, e la donna trova l'uomo trovando prima se stessa. Cominciate dall'io per trovare *l'altro*.

L'unione ha origine dalla separatezza. Per trovare l'unione, cominciate dalla separatezza. In questo modo ci potranno essere sia unione sia separatezza.

82. Curve e circolari

L'unione e la separatezza unite; la separatezza e l'unione separate. Come possono due diventare uno rimanendo due? Dov'è la separatezza nell'unione e l'unione nella separatezza?

Unitevi quando c'è separatezza e dividetevi quando c'è unione: Mantenendo la singolarità, usate la duplicità; mantenendo la duplicità, usate la singolarità.

Le domande della mente giocano con le parole. La confusione è sempre la mente singola che cerca di pensare in modo chiaro. Le vie molteplici e curve e circolari del Tao non si conformano al gioco del pensiero.

Non ci sono domande da porre, quindi non domandate. Non ci sono risposte da dare, quindi non rispondete. Giocate senza domande, senza risposte.

83. La mente giusta

Una mente da sola non comprenderà la totalità dell'unione. Due menti insieme non comprenderanno la totalità della separatezza.

C'è bisogno di una mente e di due menti e di molte menti. Ogni comprensione richiede la mente giusta.

Allora, quando c'è la mente-totale e nessuna-mente?

84. In ogni due

Quando un uomo e una donna sono soli e uniti, sono unici nella loro unione, ma comuni nella loro identità con gli altri.

In ogni due ci sono due che diventano uno; in ogni due tutti diventano uno. Ciò che lega insieme ogni due, lega insieme tutti i due e lega insieme tutto. In ogni due tutto diventa comprensibile.

Per ogni due... tutto è trovato. Tramite ogni due... il Tao è trovato. Abbracciatevi l'un l'altra e abbraccerete tutto. Come, altrimenti, si potrebbe abbracciare il Tao?

85. Terza mente

Nella separatezza di due menti c'è una terza mente che conosce l'unione.

Nessuna delle due menti può spiegare che cos'è la terza mente ma ciascuna la sente quando ascolta l'unione. È qualcosa di interno che comprende l'esterno, qualcosa di esterno che comprende l'interno. È il modo in cui l'interno incontra l'esterno, l'uno incontra l'*altro*, ciascuno diventa entrambi.

La terza mente non può essere afferrata, né le si può resistere. Tramite il perdere che trova, viene da sé a suo tempo.

86. Seme e terra

L'uomo e la donna si generano a vicenda. Ognuno dei due è seme e terra dell'altro.

Quando c'è spinta e forza e mutamento, seminatevi a vicenda e siate il padre generante. Quando ci sono pazienza e premura e pace, nutritevi a vicenda e siate la madre nutrice.

Dal seme e dalla terra nasce la promessa.

87. Il trovare

Se coloro che sono soli e separati hanno tanto bisogno di un altro e dell'unione, perché è così difficile per i bisognosi trovare i bisognosi?

Ci sono solo pochi fra molti che possiamo scegliere, o c'è appena uno fra pochi? È noi stessi che cerchiamo fuori da noi stessi? Chi è che cerchiamo? Le domande si inseguono. Il pensiero confonde la ricerca.

Cercare sembra difficile. Trovare sembra facile.

Proprio come la ricerca dà luogo al guardare che impedisce il vedere, il bisogno dà luogo alla ricerca che impedisce il trovare.

Il trovare è l'aprirsi che riconosce.

88. L'ovvio che è il segreto

E l'ordinario che è straordinario. Quant'è ordinario che l'uomo e la donna si scovino a vicenda e prendano dentro di sé l'altro come primo partner e compagno! Quant'è ordinario il fatto che conoscere il proprio io sia il modo per arrivare a conoscere l'altro! Quant'è ordinario che la meraviglia aumenti con la familiarità, che il mistero si ingrandisca con la comprensione, che il guadagno aumenti con la perdita! Quant'è ordinario che l'uomo e la donna, resi certi e incerti dalla loro unione, vengano disfatti e rifatti, perduti e ritrovati!

Per capire l'ordinario, pensare è inutile. Scelta e non-scelta, azione e non-azione, perché e perché-no lottano fino ad arrivare a uno stupefacente stallo.

È l'ovvio che è il segreto. L'ordinario è lo straordinario celato nell'ordinario. Lo straordinario Tao non è che il Tao ordinario.

89. La mente zoppa

Perché la separatezza e l'unione si inspirano e si espirano a vicenda? Perché l'uomo e la donna danzano per qualcosa che va al di là di loro stessi?

La mente cerca, ma qualcosa di fondamentale continua a eludere la mente che non respira, la mente zoppa.

90. Un segreto che incontra un segreto

Alcune delle parti del corpo vengono messe in mostra apertamente e con orgoglio, altre sono vestite dal decoro e altre ancora nascoste fino all'incontro speciale di ogni uomo e donna. Allora due corpi si toccano e condividono e si aprono alla completa conoscenza reciproca.

Quando l'uomo e la donna si conoscono e non sono più frenati dal pudore, dalla decenza o dall'imbarazzo, quando tutto ciò che si può aprire è aperto e non c'è più nulla da nascondere, qualcosa rimane nascosto, qualcosa rimane segreto.

Che cos'è che sembra stare immediatamente al di là di ciò che si può toccare e conoscere, che incanta il contatto e la conoscenza, che anima il pensiero del corpo e le parti della mente, che fa di ogni uomo e di ogni donna un segreto che incontra un segreto?

91. Confidate in ciò che è senza sforzo

Siate l'uno con l'altra ma non possedetevi a vicenda. Afferrando si perde. L'unione viene di per sé. Nelle faccende quotidiane, badate alle cose piccole e i grandi problemi saranno superati. Prendete di petto le difficoltà prima che insorgano. Dominate l'ordinario e lo straordinario diverrà facile. Confidate nel semplice e trovatelo nel complesso. Aspettatevi il difficile e le cose saranno facili. Siate vigili ma confidate in ciò che è senza sforzo.

92. Essere all'interno di entrambi

Dall'unione nasce il ricordo della separatezza che turba l'unione. Dalla separatezza nasce il ricordo dell'unione che turba la separatezza.

L'unione include la separatezza. La separatezza include l'unione. All'interno di ciascuno c'è l'altro.

Per essere all'interno di entrambi, fatevi prendere dall'uno e poi dall'altra e infine da entrambi insieme.

Ma proprio come entrambi sfuggono a ognuno dei due, nessuno dei due sfugge a entrambi.

93. Per perdere e trovare entrambi

Quando c'è l'unione e viene ricordata la separatezza, si perde l'unione. Quando c'è la separatezza e viene ricordata l'unione, si perde la separatezza. A causa della divisione provocata dal ricordo, se non c'è separatezza c'è unione e se non c'è unione c'è separatezza.

Trattenete entrambi per lasciare andare entrambi al fine di perdere e trovare entrambi. Trattenete tutto per lasciar andare tutto. E d'improvviso... semplicissimo.

94. Trovando il proprio corso

La goccia di pioggia perfora la pietra. La nuvola fende la montagna.

Confinato fra le pareti della valle, il ruscello scorre liberamente trovando il proprio corso.

95. Facile come essere trovati

Se l'uomo e la donna cercano di stare insieme e si sforzano per trovare l'intesa e l'equilibrio, l'unione è tanta e assai presente e difficile. Se vengono trovati dall'unione, si muovono e si aprono dovunque, tutto sembra farsi da sé e l'unione è assai presente e facile.

In quanto io, cerchiamo di raggiungere l'unione; in quanto non-io, siamo presi dall'unione.

Perciò, abbiate fiducia e rischiate, apritevi e costruite, quindi irrompete in modo totale sia nella separatezza sia nell'unione.

Cercate ma lasciate anche andare. Vuotatevi e riempitevi nell'impossibilità dell'unione. Così difficile, e facile come essere trovati.

96. Profondo incontro

Quando una persona viene toccata da un'altra, l'interno dell'una tocca l'interno dell'altro tramite il contatto dell'esterno con l'esterno. Quando l'esterno trova l'esterno, l'interno trova l'interno.

Quello che si trova all'esterno è portato dentro dall'esterno e i due interni si incontrano.

Una volta che ha incontrato l'interno, è difficile separare l'interno dall'esterno.

Ci sono veramente un interno e un esterno? Le parole complicano la semplicità del profondo incontro.

97. Più che sufficiente

Piuttosto che cercare dovunque, cercate più profondamente dentro e all'interno dell'unione.

Una volta trovato il principio, il mistero racchiuso in ogni uomo o donna è più che sufficiente.

98. Senza alcuno sforzo

L'unione venne prima del principio. Venne da un punto più profondo dell'interno. Armonizza l'interno con l'esterno. Risolve le differenze tra uomo e donna.

Confidate nel Tao che è unione. Fra il consueto e l'inconsueto, ogni giorno qualcosa ancora svanisce finché, senza alcuno sforzo, tutto si muove nel modo che gli è proprio.

99. Con la mente spalancata

Per essere al contempo separati e uniti, basta spaccare la mente a metà e lasciar ruzzolare i pensieri da entrambe le parti, lasciarli cadere giù e sparire, vuotarsi in nessun luogo.

Perdetevi d'animo, stringete forte, e qualcosa si perde.

Poi rapidamente, con la mente spalancata e i pensieri che si riversano nel vuoto, lasciatevi andare a vicenda, entrambi e nessuno dei due. Lasciate andare l'altro e tutto, l'è e il non-è, il sono e il non-sono.

Senza pensieri... fatevi trovare dal Tao.

Senza separatezza... siate separati. Senza unione... siate uniti.

100. In mezzo ai pensieri

Le parole dicono separati e uniti, ma quale pensiero-pensante rimarrebbe indifferente quando le stesse scelte del pensiero sono legate, per scegliere, dalle parole ? Quale pensiero-pensante si fiderebbe della forma delle parole per formare il suo pensiero?

Con fare dimentico le parole seguono le parole, quindi i pensieri seguono i pensieri alla stessa maniera delle parole. Quale pensiero si fiderebbe di un pensiero che abbia preso la forma di quel che dicono le parole?

Trovate pensieri non legati dalla forma delle parole. In mezzo ai pensieri legati dalle parole ci sono pensieri sconfinati liberi dalle parole. Quindi non separati, né uniti, solo qualcosa che va ben oltre le parole.

Durezza/Mollezza

101. Tra la nascita e la morte

Alla nascita, quale primo atto, il nuovo corpo è affidato ad altri. Alla morte, quale ultimo atto, il vecchio corpo è affidato ad altri.

È quindi opportuno che tra la nascita e la morte ci sia una speciale umiltà.

102. Vincere e perdere

Evitate il confronto, la durezza che incontra la durezza. La voce sommessa si continua a sentire molto tempo dopo l'urlo. La dolcezza è più forte della rabbia.

Vincere è una sorta di sconfitta, e perdere è una sorta di vittoria. Se ci devono essere la vittoria e la sconfitta, consideratele uguali.

103. A causa del loro farsi molli

La durezza non si unisce alla durezza perché ciascuna insiste su se stessa. Così è che l'uomo e la donna si trovano a causa del loro farsi molli.

Il farsi molli dell'uomo e della donna è necessario per l'equilibrio; è la mollezza che trovano ad assicurare la loro unione, e la durezza che mantengono ad assicurare la loro separatezza.

104. La profonda quiete

Cresciamo da un profondo silenzio e veniamo nutriti da una quiete permanente.

Le forti urla che turbano e sgomentano diventano rumore inascoltato. Ma le parole sommesse penetrano in profondità e diventano il sostegno di ogni giorno. Invisibili come acqua limpida, silenziosi come rivoletti, nutrono, diventano amici intimi e grandi insegnanti. Parlate quietamente e ascoltate entrambi la profonda quiete che c'è nell'altro.

105. La saggezza di tutte le cose

La durezza dell'uomo è racchiusa dalla mollezza della donna, e la mollezza della donna è riempita dalla durezza dell'uomo; questo è il modo in cui l'intero universo incontra se stesso. All'interno della durezza c'è la saggezza che conosce la mollezza. Con quel tanto che basta di mollezza, la durezza dell'uomo incontra la donna e capisce la sua mollezza. All'interno della mollezza c'è la saggezza che conosce la durezza. Con quel tanto che basta di durezza, la mollezza della donna incontra l'uomo e capisce la sua durezza. La mollezza nella durezza e la durezza nella mollezza sono la saggezza di tutte le cose. È il modo in cui l'interno capisce l'esterno, il qui tocca il là, l'uno contiene l'altro, questo conosce quello.

106. Il farsi molli

Il farsi molli permette alla pienezza interna di fuoriuscire.

Il farsi molli permette all'esterno di entrare appieno nell'interno.

107. Per essere usati

Si dice che la durezza reprime e la mollezza asseconda. Eppure c'è troppo duro e troppo molle, troppo e non abbastanza; c'è la mollezza che reprime e la durezza che asseconda. Dov'è, allora, il loro equilibrio che permette all'uomo e alla donna di essere giusti l'uno con l'altra?

I pesci non possono muoversi nel ruscello ghiacciato né nuotare nella nebbia mattutina. Le radici non possono penetrare la solida pietra né attecchire nella sabbia spinta dal vento. Eppure nell'aria più leggera gli uccelli si levano, e si posano soddisfatti sulla terra più dura.

Come uomo e donna, non chiedete come usare la durezza e la mollezza ma, insieme in umiltà, fatevi usare da entrambe. Per essere usati, mantenete la durezza ma siate mollezza; mantenete la mollezza ma siate durezza.

Siate pesce e ruscello che scorre, radice e terra che aspetta; siate uccello e aria e perfino pietra.

108. Tra la durezza e la mollezza

Il legame che c'è tra l'uomo e la donna è mollezza dura e durezza molle. Mentre cede per mutare, tiene uniti l'uomo e la donna; mentre li piega l'uno all'altra, li tiene fermamente insieme.

Nell'esatto centro tra la durezza e la mollezza, dove l'uomo e la donna cedono pur rimanendo fermi, c'è un'immobilità viva di flessibilità e inflessibilità.

109. La mollezza del principio

All'interno della donna, l'uomo trova la mollezza e il ventre, e il vasto, caldo oceano del principio, e la fonte precedente a lui a causa della quale egli stesso fu vinto dalla nascita e dall'indurimento.

Perduto nell'oceano della donna, l'uomo ritorna alla mollezza del principio, di prima che ci fosse la sua stessa durezza contro cui lottare.

Ecco come la mollezza della donna vince la durezza dell'uomo, e perché la durezza dell'uomo cerca la mollezza che vince.

110. Ventre oceano

La donna, vinta come l'uomo dalla nascita e dall'indurimento, porta dentro di sé il richiamo e la promessa della mollezza.
Nata alla durezza, il suo corpo alleva il ventre oceano del molle principio. Non può dimenticare né essere dimenticata quando il suo corpo ricorda.

111. Uguali diversi

La mollezza della donna, quando è temprata dalla durezza, non può essere vinta; la durezza dell'uomo, quando è temprata dalla mollezza, non può essere spezzata.

Rafforzate la donna con la durezza e il movimento, di modo che possa trovare la comprensione nell'acqua e nell'uomo; rafforzate l'uomo con la mollezza e l'attesa, di modo che possa trovare la comprensione nella terra e nella donna.

Quando c'è equilibrio, l'uomo e la donna si incontreranno come uguali diversi. Lui sarà per lei la forza dell'acqua che aspetta, e lei sarà per lui la forza della terra che si muove.

112. Tramite la durezza dell'uomo

L'uomo dovrebbe sapere che la sua durezza vince la mollezza e il vuoto della donna.

Con la sua mollezza e il suo vuoto, la donna cerca nell'uomo la forza e la durezza per riempirsi, rafforzarsi e sottomettersi.

L'uomo raggiunge la mollezza tramite la mollezza della donna; la donna raggiunge la forza tramite la durezza dell'uomo.

113. Tramite la mollezza della donna

La donna dovrebbe sapere che la sua mollezza vince la forza e la durezza dell'uomo.

Con la sua forza e la sua durezza, l'uomo cerca nella donna la mollezza e il vuoto per vuotarsi, farsi molle e sottomettersi.

La donna raggiunge la forza tramite la durezza dell'uomo; l'uomo raggiunge la mollezza tramite la mollezza della donna.

114. La durezza è il fardello

La durezza è il fardello che ogni uomo e ogni donna devono imparare a bilanciare con la mollezza.

Perfino la forza ha bisogno della saggezza per cedere.

L'opposizione deriva dalla durezza. La durezza richiede cedevolezza. La cedevolezza richiede forza. La forza richiede equilibrio.

Senza la mollezza, la durezza causa difficoltà; senza durezza, la mollezza causa difficoltà.

115. Vuotandosi

Nulla si perde vuotandosi. La coppa che si vuota per ricevere rimane una coppa; la sua forma permane e la sua identità è intatta. Solo la sua condizione muta affinché possa ricevere.

La duplice cedevolezza reciproca dell'uomo e della donna è l'ammollimento da cui derivano il vuotarsi e il ricevere.

Il vuotarsi permette a ciascuno di essere riempito dall'altro e il farsi dell'unione.

116. Guidare da dietro

Dapprima non guidate. All'inizio è meglio che l'uomo e la donna si seguano a vicenda.

Dal seguire deriva il guidare seguendo. Questo è un guidare dolce, una forma speciale di guidare da dietro.

Dalla mollezza ha origine l'umiltà. Dall'umiltà emerge la fiducia. Dalla fiducia nascono l'unione e la mente unica.

La mente unica non può seguire né guidare se stessa. Libera dagli opposti, non conosce né il guidare né il seguire.

117. Trovate il timore

Trovate il timore, non la paura. La paura è tensione che rende instabili, che indurisce e reprime, opprime e limita. La paura dà luogo alla durezza, quindi alla separazione e alla rottura.

Nella paura non c'è posto per la fiducia e l'apertura, il lasciarsi fluire e l'abbandonarsi, il dare e il raggiungere l'unità.

La fiducia è ammollimento che si schiude al timore.

118. Sia durezza sia mollezza

Le pietre della valle dirigono il ruscello. Le rocce della montagna spargono la pioggia. I ciottoli che cadono spartiscono l'acqua.

Come mai, in un primo momento, la mollezza cede alla durezza, ma poi, alla fine, la durezza cede alla mollezza?

Se c'è un nome per definire il modo in cui le cose sono di per sé, si potrebbe chiamarlo il Grande Assenso o il Grande Mutamento, addirittura la Grande Madre. Oppure, chiamatelo semplicemente il Tao.

Il Tao richiede sia la durezza sia la mollezza. Quindi, quanto all'uomo... conservate il maschile ma coltivate il femminile. Quanto alla donna... conservate il femminile ma coltivate il maschile.

119. Oltre ogni pietra

Lasciatevi trattenere dalla durezza ma confidate nella mollezza. La durezza è l'io che definisce e limita; la mollezza è il non-io che si apre e assente.

Provocati dalla durezza, i litigi sono risolti dalla mollezza.

Nei ruscelli, l'acqua trova la strada oltre ogni pietra.

120. Né pietra né acqua

Si dice che l'acqua è molle e la pietra è dura. Tuttavia nella mollezza dell'acqua c'è qualcosa di inflessibile che erode la durezza della pietra. Nella durezza della pietra c'è qualcosa di cedevole che si piega alla mollezza dell'acqua. Trovate la durezza nell'acqua e la mollezza nella pietra.

Inganniamo noi stessi quando siamo pietra che ostenta durezza all'acqua o acqua che ostenta mollezza alla pietra.

Siamo al di fuori delle parole. Non siamo né pietra né acqua, né durezza né mollezza, ma solamente il Tao, che prende ogni forma ed è incapace di trovare perfino se stesso.

121. Siate privi di scopo

L'acqua non pensa: «Adesso scorrerò qui, poi scorrerò là». Lo scorrere avviene da sé.

Nelle cascate che tuonano e nei piccoli stagni di silenzio, l'acqua è priva di intenzione. Non c'è alcuno scopo nella spinta che la muove quando è in movimento.

Il segreto è questo: divenite molli come l'acqua, confidate nella spinta interna; lasciate ogni momento a se stesso e muovetevi nella rotta infallibile; siate privi di scopo.

Mutevole/Immutabile

122. Lasciate che il mutamento muti

Qualcosa nel mutamento di un fiume non muta. L'acqua si muove ma c'è un'immutabilità che è sempre presente in virtù del suo stesso divenire e passare.

Sappiate che tutto è mutevole, ma anche che il mutamento è il Tutto. Confidate nell'immutabile di ogni mutamento.

Per essere il mutamento, mutate. Per essere l'immutabile, lasciate che il mutevole muti.

123. A suo tempo

A suo tempo, la pioggia diviene ruscello, il ruscello diviene fiume, il fiume diviene mare.

Ognuno di noi segue il proprio corso discendente. Che importanza può avere se siamo pioggia o ruscello, fiume o mare?

Ma dividete il ruscello dal fiume, addirittura la pioggia dal mare, e allora insorgeranno le difficoltà.

Le parole separano e rendono immutabile quel che è unito e mutevole. È solo la mente immutabile che si affanna a capire.

Senza parole... trovatevi a vicenda.

124. Sempre in divenire

L'acqua non è radicata nella terra o ancorata all'aria del cielo. Senza essere fissata da qualche parte, è dappertutto.

Ciò che muta dura. Ciò che nasce prende forma. Poiché prende forma, è vulnerabile. Poiché è vulnerabile, non può durare.

Quando il legame tra l'uomo e la donna è sempre mutevole, è sempre in divenire. Sempre in divenire, si rinnova sempre ed è sempre vitale. In forma d'acqua, è dappertutto, fedele a se stesso e all'universo.

125. La via in discesa

Il corso del fiume interiore è in discesa. Scorre per trovare forza nella cedevolezza, realizzazione nell'ammollimento, appartenenza nell'intesa.

Come la via in discesa dell'acqua, seguite il corso discendente per trovare giocosamente un luogo perfino in mezzo alla durezza delle rocce.

Con questo fluire, con il mutevole e immutabile fiume didentro, l'esterno diventa interno.

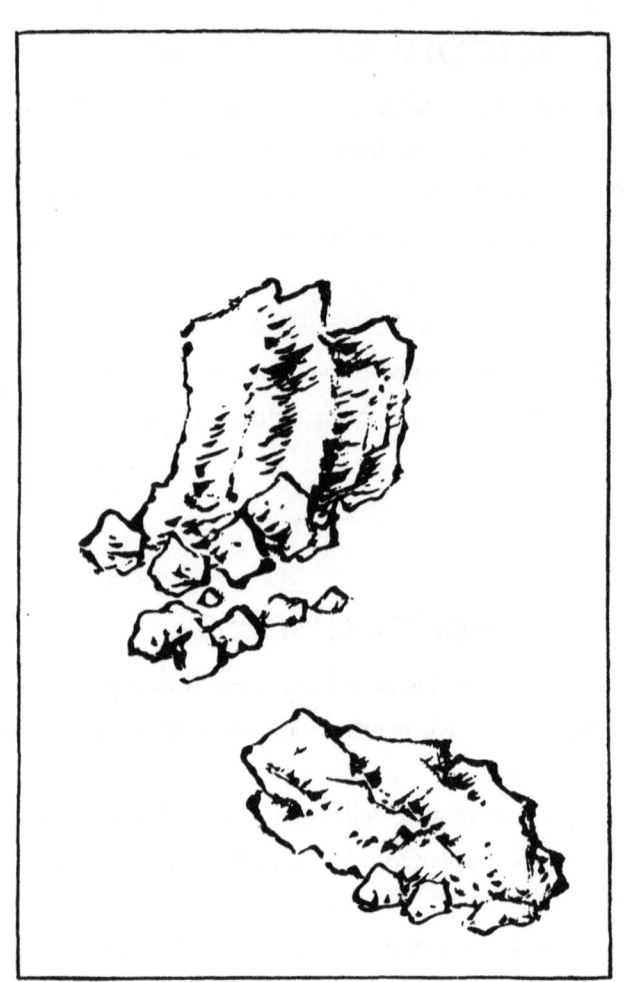

126. Confidate nel ritorno

L'immutabile non durerà; ciò che dura non è immutabile. Il legame grande come una montagna esposto all'ammirazione di tutti incombe come un monumento alla caducità. Si screpola con il sole e il ghiaccio, e si sparge in frantumi. Si dissolve addirittura sotto la pioggia gentile. E chi può vivere caldo e sereno alla sua ombra?

Il legame che indugia come una nebbia aspetta sempre nell'aria, stimolando, sfiorando e nutrendo. Che cosa è più durevole della nebbia che, mutevole e immutabile, apparendo e riapparendo, dolcemente inumidisce la valle e la montagna al verde della vita?

È meglio coltivare l'indefinibile che il lampante; meglio confidare in ciò che ritorna che nel costante.

Il farsi è più duraturo del fatto. Confidate in ciò che nutre la crescita e dalla promessa originaria della crescita traete nutrimento.

127. Ogni momento ha

Ogni momento ha il proprio momento. Affrettatevi e sarà troppo presto; esitate e sarà troppo tardi. Al momento giusto non ci sarà alcun ostacolo.

128. Una forma speciale di trattenere

Le nuvole non possono essere trattenute. I ruscelli non possono essere fermati. Una nuova vegetazione nascerà dalla viva radice.

Perdere, cedere, liberare... sono ognuna una forma speciale di trattenere.

129. Nell'esatto centro dell'adesso

Quant'è futile dire, come l'amante geloso dice degli amanti precedenti dell'amante: «Se solo non fosse successo».

Ogni vita è un corpo in crescita che non può essere ordinato o diviso in pezzi che appartengono oppure non appartengono. È colma di se stessa, completa senza meno o più. Negare una parte equivale a negare tutto. L'accettazione libera ogni cosa permettendole di essere ciò che già è. Con il ricordo tutto il passato è mantenuto presente da una mente che non è qui.

Ogni istante è diverso e ha il suo posto, uguale nel suo inalterabile colmare il momento, nel suo rendere intero ogni adesso. Nell'esatto centro dell'adesso c'è una pienezza che muta perfino l'immutabile allora.

130. Conoscete come l'acqua

L'acqua cambia foggia e addirittura forma, ma mantiene la sua essenza. Il fiume cambia l'acqua e addirittura corso, ma mantiene la sua essenza.

Confidate nell'immutabile del mutevole. Siate acqua e fiume, mobili e fermi, mutevoli e immutabili. Conoscete e fatevi molli. Fatevi molli e mutate. Mutate e resistete.

Conoscete come l'acqua. Pensate come il fiume.

131. Siate anche fiume

Tutto muta e diventa qualcos'altro. Quanto è futile, allora, lottare contro il passare di quel che è! Nell'eterna mutevolezza del divenire e del passare, come può lo sforzo essere serio? Meglio vivere all'interno del mutamento. Meglio essere a conoscenza del Tao e del non-agire.

Il non-agire è come l'immobilità che scorre di un fiume. Siate immobili come il fiume mentre l'acqua muta. Siate l'immobilità mentre il mutamento segue il proprio corso.

Il Tao è fiume e l'agire è acqua. Siate acqua ma anche fiume, sempre pronti ai mutamenti. Perfino la cascata è pacifica.

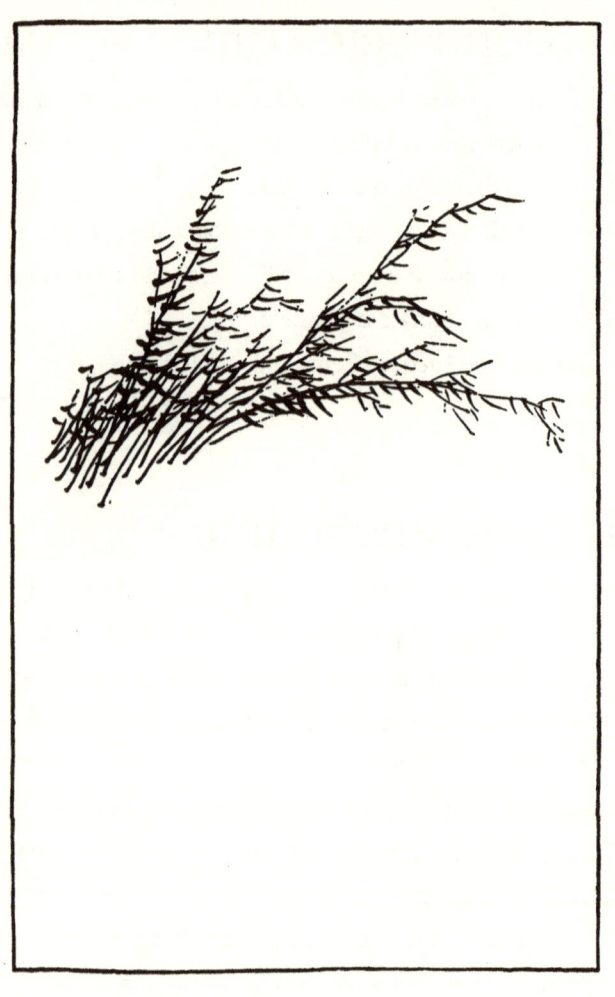

132. Diventate mutevoli

I saggi dell'antichità insegnavano: «Cedi e sarai intero. Piegati e vincerai. Vuotati e sarai colmo».

Il duro e l'inflessibile vengono infranti dal mutamento; il flessibile e il cedevole si piegano e prevalgono.

Per l'uomo e la donna uniti, aggrappatevi all'immutabile e ci sarà la rottura; diventate mutevoli, piegandovi al ritmo di quel che nasce e passa, e rimarrete integri in un'immobilità mutevole.

133. Attraverso è nel mezzo

Per tornare occorre partire. L'arresto ha bisogno del moto. Il rilasciare segue il trattenere. Poiché ognuno nasce dall'altro, allora parlate per trovare il silenzio, mutate per conoscere l'immutabile, vuotatevi per diventare colmi.

Di momento in momento, la mente inganna la mente e i pensieri seguono il pensiero in tondo. La via d'uscita è all'interno. La via d'accesso è all'esterno. Attraverso è nel mezzo.

Aggrappatevi a entrambe le metà e spalancate oppure serrate le porte della mente. La mente colma coincide con la mente vuota.

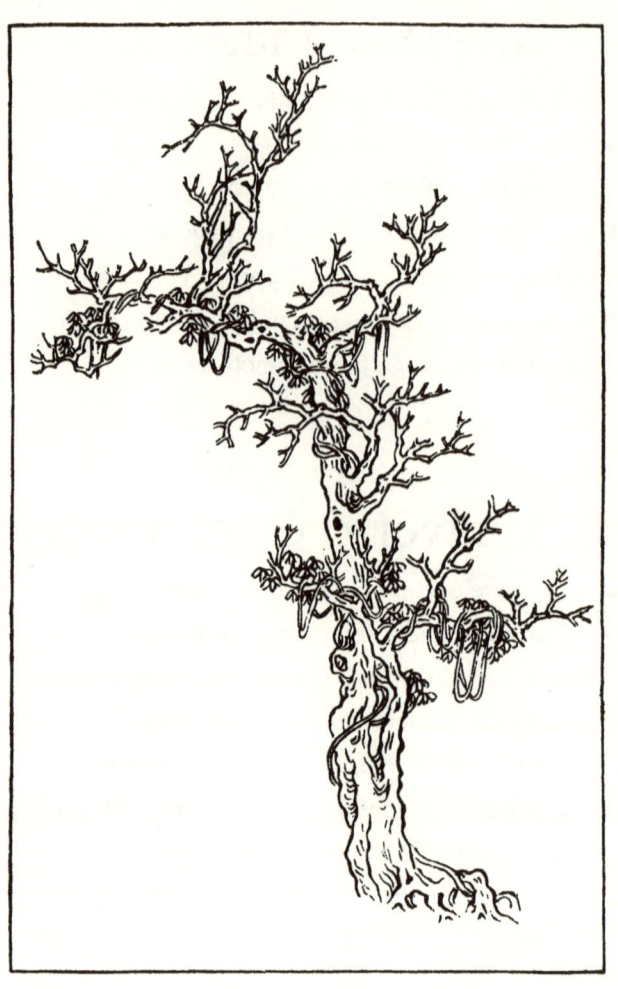

134. L'enigma chiamato pensiero

Le parole trattenute sulla pagina non possono reagire con l'esattezza dell'adesso. I pensieri fissati all'interno della mente non possono comprendere tutto ciò che è mutamento. Come possono i pensieri mutevoli comprendere ciò che è immutabile?

In quell'enigma chiamato pensiero, quali pensieri sono mutevoli e quali immutabili? I pensieri mutevoli diventano immutabili? I pensieri immutabili mutano? I pensieri immutabili dimenticati vengono ricordati come immutabili?

Nell'intrico del mutevole e dell'immutabile, come facciamo a trovarci l'un l'altro? Dove i pensieri mutevoli cercano noi mutevoli? Come fanno i pensieri immutabili a conoscere noi mutevoli?

Nell'enigma chiamato pensiero, se i pensieri non comprendono se stessi, come possiamo conoscerci a vicenda?

Tra mutevole e immutabile siamo uniti... senza una parola, senza un pensiero.

Trovare / Perdere

135. Trovate e perdete

Non si trova finché non si perde. L'uomo che si perde nella donna... trova. La donna che si perde nell'uomo... trova. Non si perde finché non si trova. L'uomo che trova se stesso nella donna... perde. La donna che trova se stessa nell'uomo... perde.

È il trovare che è perdere e il perdere che è trovare. Perciò, trovate e perdete, perdete e trovate.

136. Tra l'uno e l'altra

Qualcosa con un'insistenza primaria spinge l'uomo e la donna l'uno verso l'altra. Benché sia introvabile, è sempre presente; benché non possa essere perduto, non è mai trovato.

È qualcosa tra l'uno e l'altra che riconcilia la separatezza; qualcosa che è niente e tutto. È il vuoto che riempie se stesso finché c'è il trovare; la pienezza che vuota se stessa finché c'è il perdere.

Mai uomo senza donna o donna senza uomo, sostiene che ci siano tanto l'uno quanto l'altra, trovati e perduti l'uno nell'altra.

137. La conoscenza approfondisce

Vedere dentro gli occhi è una forma speciale di contatto. In un primo momento, gli occhi evitano il contatto ravvicinato con gli occhi.

Vedere è una forma speciale di contatto, cosicché i corpi nudi evitano gli occhi fino a quando non nasce una speciale fiducia.

Che cosa rimane da nascondere quando l'uomo e la donna seguono gli occhi per toccarsi a vicenda con tutti i sensi?

La conoscenza approfondisce finché l'altro diventa l'io dell'uno, e addirittura un mistero ancora più grande.

138. Nel più profondo ignoto

Come può l'uno conoscere l'altro? L'apertura dell'uno all'altro apre il noto al più profondo ignoto.

L'unico trovare è il perdere che segue il perdersi nel Tao.

139. Il momento in cui si trova

Il momento in cui si trova è sempre una sorpresa, come incontrare un vecchio amico mai conosciuto prima.

140. Un'altra conoscenza

C'è un momento accettato dal desiderio ed è quando il pensiero cede alla carne e la mente assiste a un'altra conoscenza.

I pensieri non possono incontrare i bisogni della carne finché il corpo non comincia a pensare. Nel perdere la mente e nel trovare il corpo c'è il principio di un equilibrio più profondo.

Solo quando ci sarà la mente sensibile e il corpo pensante i bisogni terreni delle regioni segrete armonizzeranno l'intero regno.

141. Perdere e trovare

Dov'è l'uomo quando è perduto nella donna e dov'è la donna quando è perduta nell'uomo? Dov'è ognuno dei due quando non c'è più separatezza?

Nel perdersi, l'uomo ritrova se stesso e la donna ritrova se stessa. E ognuno, quando è trovato nel perduto, è reso più grande dal perdere e dal trovare.

Prima c'è il perdere nel trovare e poi il trovare nel perdere. Il perdere nel trovare è un perdere più grande e il trovare nel perdere è un trovare più grande. Seguite il perdere e il trovare più grandi.

142. La via trovata e perduta

Per l'uomo e la donna, perdersi l'uno nell'altra è il modo di trovarsi a vicenda. Perdendo trovano l'unione che completa ciascuna separatezza. Perduti l'uno nell'altra... sono unione; perduti nell'uno e nell'altra... sono separatezza.

L'uomo e la donna sono la via perduta e trovata in cui tutto è insieme. Perciò, perdete senza perdere, trovate senza trovare.

143. Perduti l'uno nell'altra

Quando gli amanti sono perduti l'uno nell'altra, l'uomo è perduto nella donna e la donna è perduta nell'uomo. La donna, in cui l'uomo è perduto, non è perché è perduta in lui; e l'uomo, in cui la donna è perduta, non è perché è perduto in lei.

Questa è l'illusione reciproca degli amanti: lui pensa che lei sia quando non è, e lei pensa che lui sia quando non è. Eppure, come può l'uomo pensare che lei sia se lui non è, e come può la donna pensare che lui sia se lei non è, a meno che lui non pensi di essere e quindi non è, e lei non pensi di essere e quindi non è. Allora lui si perde in se stesso e lei in se stessa.

Come procedono gli amanti in ciò che è e non è eppure è, e in ciò che non è ed è eppure non è?

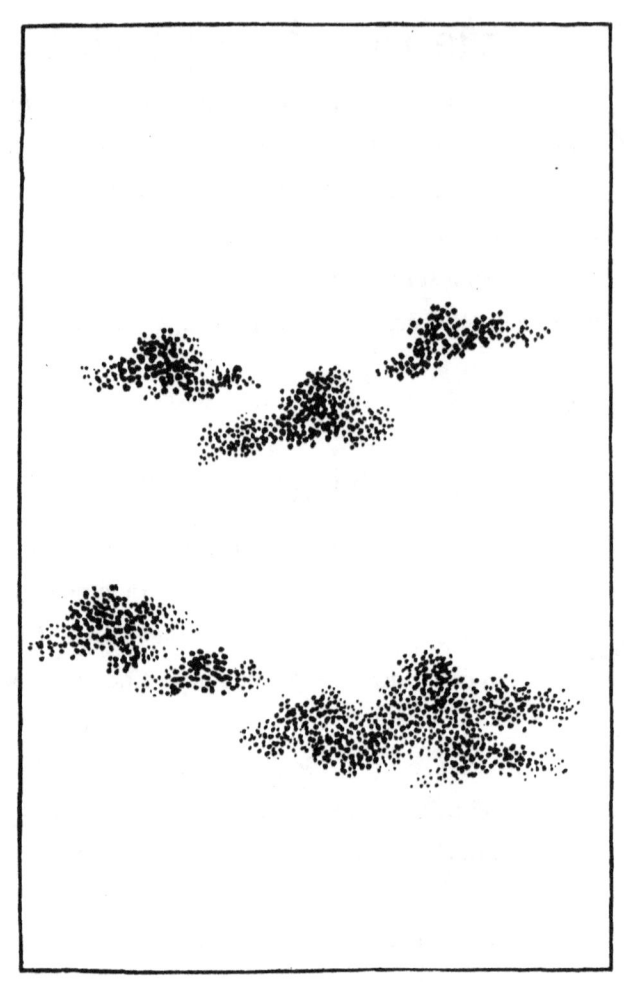

144. All'interno del mezzo

C'è qualcosa tra l'uomo e la donna, tra la nascita e la morte, tra un pensiero e l'altro che i pensieri non comprendono. Tra il mutevole e l'immutabile, tra ogni singola parola, c'è qualcosa che i pensieri non possono conoscere.

All'interno del mezzo, i pensieri restano esclusi dal pensiero.

Fatto e disfatto da se stesso, il pensiero segue il pensiero verso l'assenza di pensiero.

Per trovare il pensiero, lasciate andare i pensieri.

Trovare perdendo è anche la via seguita dall'uomo e dalla donna. Incapaci di comprendere, senza neanche più pensare, alla fine sanno.

Dare/Ricevere

145. Trovate senza prendere

Date è c'è il dare. Ricevete e c'è il ricevere. Ma prendendo non si possiede.

Cercate senza pretendere. Trovate senza prendere.

146. Colmi di vuoto

La pienezza non può ricevere, quindi cominciate con il vuotarvi. Non ci può essere piena crescita senza pieno spazio. Per crescere e colmarvi, continuate a vuotarvi di modo che possiate sempre ricevere.

Siate colmi di vuoto. Il vuoto è il più grande ricevitore. La pienezza è il più grande datore.

147. Date con delicatezza

Non è facile ricevere, schiudersi e aprirsi, fidarsi e accettare, e allo stesso tempo rimanere uno e integro sotto l'incantesimo di un'altra persona. Perciò il dare deve giustificare l'onere di ricevere.

Se dovete dare, date con delicatezza in modo che il donatore e il ricevitore siano alleggeriti.

Ricevere è una sorta di dare. Date come se riceveste e ricevete come se deste.

148. Una sorta di dare

Le nuvole non esigono compensi dall'erba per il valore della pioggia. Gli alberi non sono in debito con il sole per la ricchezza del calore. La luna e le stelle sono gratuite per gli occhi.

Così l'uomo e la donna sono gratuiti l'uno per l'altra. Come può esserci un debito quando il dare è il dono di se stesso e il ricevere è una sorta di dare?

149. In uno si dissolvono

Quando lei riceve, hanno luogo due forme di dare; quando lui dà, hanno luogo due forme di ricevere. Nell'aprirsi e nel ricevere della donna, c'è il dare di chi riceve; nel penetrare e nel dare dell'uomo, c'è il ricevere di chi dà.

Quando dare è ricevere e ricevere è dare, perché dividere in due ciò che è uno?

Proprio come dare e ricevere si dissolvono in uno, in uno si dissolvono l'uomo e la donna, l'io e l'altro, la domanda e la risposta.

150. L'esterno che è interno

Insieme nel Tao, l'uomo e la donna si nutrono a vicenda come due parti dello stesso corpo. Nulla è chiesto e tuttavia tutto è dato e ricevuto senza intenzione. Ognuno è l'esterno dell'altro che è l'interno che si applica a entrambi.

151. Per ricevere

Per ricevere, siate pienezza ma coltivate il vuoto. La pienezza è ciò che gli altri conoscono come corpo e pensiero, il recipiente che rende possibile il dare; il vuoto è l'ignoto didentro che riceve ciò che è dato.

È ciò che è che dà; è ciò che non è che riceve.

Siate solo colmi e non ci sarà vuoto che riceve. Siate solo vuoti e non ci sarà nessuno che riceve. Per ricevere, trovate il vuoto all'interno della pienezza.

Trovate la pienezza che non può essere vuotata dando e trovate il vuoto che non può essere colmato ricevendo.

152. La vitalità degli enigmi

Come padrone... serve. Come ombra... guida. Come cosa che appartiene... non può essere tenuta. Per averlo... cedetelo. Per usarlo... datelo. Per conquistarlo... sottomettetevi a esso.

Noi siamo la vitalità degli enigmi. Perciò, conoscete senza risolvere.

Quando gli enigmi da risolvere diventano enigmi da vivere, vivete la loro vitalità. Ma... niente domande, niente risposte.

153. Dare e ricevere

C'è la grande durezza dell'uomo che cerca di colmare e la grande mollezza della donna che cerca di trattenere. Che fortuna che esistano la durezza destinata a essere trattenuta dalla mollezza della donna, e la mollezza destinata a racchiudere la grandezza dell'uomo.

Lei è ricevente, riceve con il suo dare e dà con il suo ricevere. Lui è datore, dà con il suo ricevere e riceve con il suo dare.

Così, per l'uomo e la donna, a causa della durezza e della mollezza, del colmare e del trattenere, il dare e il ricevere sono la stessa cosa.

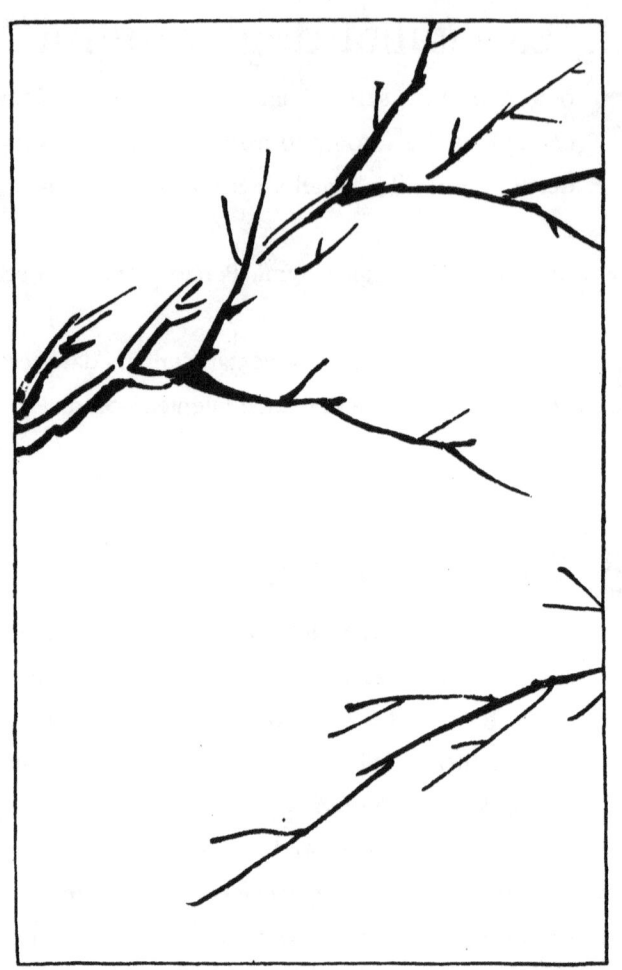

154. Un avvenimento importante

Quando dare e ricevere sono tutt'uno, qual è il nome di quel tutt'uno? Quale nome si potrebbe attribuirgli che lo definirebbe? È qualcosa che le parole non possono afferrare.

Per quanto tempo le parole continueranno la caccia? Le parole che si ostinano a provare mettono in moto altre parole. E l'unica spinta sfugge alle svariate parole che s'inseguono in sciocchi circoli. Le parole sono ciò che altre parole cercano.

C'è un qualcosa di originario di cui ognuno è, insieme all'uccello e al pesce, all'albero e alla pietra, causa e conseguenza.

Nei momenti di unione, si favorisce un avvenimento importante, per cui le parole sono il pubblico dell'eco.

Pienezza/Vuoto

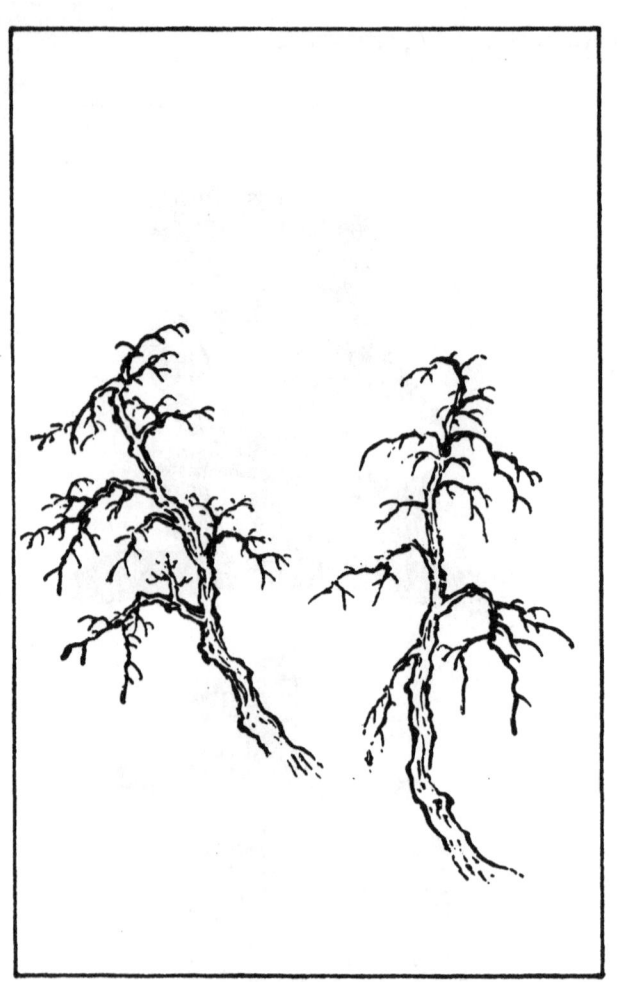

155. Trovate ciò che non è

Il vuoto di prima della nascita segue gli anni della vita fino alla morte, ricevendo tutta la pienezza intermedia.

Da qualche parte in ogni uomo e in ogni donna c'è un vuoto che riceve la pienezza dell'altro.

Per ricevere ciò che è, trovate ciò che non è.

Dopo aver trovato il vuoto, trovate l'immobilità che riceve il movimento e il mutamento.

156. Ricordate il vuoto

Come uomo, riempitevi gioiosamente della donna. Come donna, riempitevi gioiosamente dell'uomo. Come essere pensante, riempitevi gioiosamente di pensieri. Ma non dimenticate il vuoto.

Mentre vi colmate dei nostri io più sorprendenti fino alla pienezza, ricordate il vuoto. È il vuoto che circonda l'amante, noi stessi e ogni cosa.

La pienezza può nascere solo dal vuoto. Niente vuoto... niente pienezza.

Il vuoto è il terreno da cui tutto nasce, cui tutto ritorna.

157. Cominciate con il vuotarvi

L'uomo e la donna sono parole e pensieri plasmati dal pensiero della mente. Quel che la mente inventa, i pensieri confermano.

Ma c'è qualcosa tra l'uomo e la donna che continua a sfuggire ai pensieri, che la forma della comprensione della mente non riesce a trattenere.

Per trattenere ciò che c'è tra l'uomo e la donna, cominciate con il vuotarvi. Perdendo si trova; vuotandosi ci si colma. La forma che trattiene ogni cosa è il vuoto.

Come i pesci nuotano nell'acqua e gli uccelli volano nell'aria, la mente pensa nel vuoto.

Dimenticate tutto. Senza nemmeno un pensiero da pensare e bilanciare, lasciate che la mente sia informe e vuota come il mare che permette ai pesci di galleggiare, come l'aria che permette alle nuvole di esistere.

Mente esterna... solo vuoto ordinario. Mente interna... solo pienezza ordinaria.

158. Tutto il vuotarsi del fiume

Il fiume affluisce nel mare, ma il mare non si riempie mai e il fiume non si vuota mai.

Se tutto il fluire dell'acqua non vuota il fiume, come può esserci il vuoto? Se tutto il vuotarsi del fiume non riempie il mare, allora quanto può contenere il vuoto?

All'interno del fiume di parole e del mare di pensieri, c'è qualcosa che non si lascia nominare. Tutto il pensiero si vuota e si riempie intorno a qualcosa di immobile.

Per l'uomo e la donna, nel fluire dell'uno nell'altra e nel mutuo riceversi, quanto è pregnante la consapevolezza del riempirsi e del vuotarsi.

Come il fiume si riempie al vuoto e il mare riceve alla pienezza, l'uomo e la donna fluiscono l'uno nell'altra, confidando nell'incessante vuotarsi e colmarsi.

Il ricevere è vuoto e pienezza; il riempirsi è pienezza e vuoto.

159. Vuotatevi al vuoto

La foglia, nel suo essere foglia, non può capire l'albero. Il pesce, nel suo essere pesce, non può capire il mare. Come può l'uomo, nel suo essere uomo, capire la donna? E come può la donna, nel suo essere donna, capire l'uomo?

All'esterno di ogni cosa c'è il vuoto che riceve, colma e capisce.

Siate uomo ma trovate il non-uomo. Siate donna ma trovate la non-donna. Fatevi molli. Confidate nel Tao. Lasciate andare l'uomo e la donna e vuotatevi al vuoto.

160. Quel che è e quel che non è

La pienezza che è, è maschile; il vuoto che non è, è femminile. Quel che è e quel che non è formano l'interezza in pari misura.

La virilità dell'uomo è forma, il pieno e visibile, il mostrato e rivelato. L'uomo è il detto, l'ovvio e l'evidente; la risposta senza la prima domanda.

La femminilità della donna è informe, il vuoto e invisibile, il nascosto e celato. La donna è il non detto, il segreto e il mistero; la prima domanda senza una risposta.

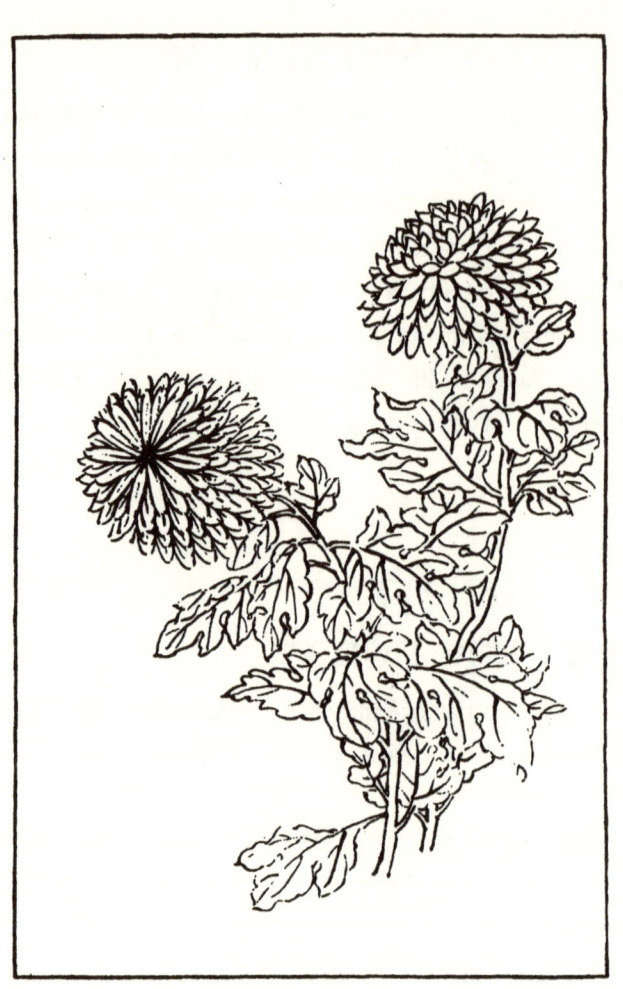

161. È e non-è

Ciò che è, è; ciò che non è, è anch'esso.

Il vuoto dell'uomo è esterno, escluso, oltre e dimenticato. Il vuoto nella donna è interno, incluso, didentro e ricordato.

La donna ci rammenta che sia l'è sia il non-è sono. L'uomo ci rammenta che il non-è è facilmente dimenticato.

162. La pienezza che porta il vuoto

La donna condivide con l'uomo le ossa e la carne del corpo, ma è anche femminile. È vuoto e attesa in movimento; un vuoto d'uomo che aspetta di essere riempito.

La donna è giardino e terra, madre e fonte, vuoto e mistero. È donna, l'enigma in movimento e in attesa dell'è e del non-è.

All'interno del grande vuoto, la donna è la pienezza che porta il vuoto.

163. La pienezza desidera

E la donna che riceve il riempire e l'uomo che riempie il ricevere. Così il vuoto è colmato e ricolmato, e la pienezza vuotata e rivuotata.

La pienezza desidera riempire; il vuoto desidera riempirsi.

164. Perché c'è il vuoto

L'uomo e la donna si incontrano nel vuoto, crescono nel vuoto, sono riempiti nel vuoto.

Poiché c'è il vuoto, c'è il ricevere. Poiché c'è il ricevere, c'è il dare. Poiché c'è il dare, c'è la pienezza. La pienezza nasce dal vuoto. La pienezza è il modo per conoscere il vuoto.

Per conoscere la pienezza della donna, fatevi ricevere dal suo vuoto. Foggiata dal vuoto, lei è fonte e custode del sapere nascosto.

Il vuoto non può essere trovato. Insieme come uomo e donna, usate quel che non si può trovare, riempite quel che non può essere colmato, e intanto avvicinatevi di più al vuoto.

165. Il vuoto della donna

Perfino il muscolo più forte può essere piegato, la pietra più dura spezzata. Quant'è invincibile, allora, il vuoto della donna. Come può il maschile che è sopraffare il femminile che non è? Che cosa può essere più grande del vuoto?

166. Sempre in attesa

Quando l'uomo non è pronto, non può essere amante; la sua pienezza deve essere colma. Ma il vuoto della donna è sempre in attesa.

167. Intorno al vuoto

Intorno al vuoto che è femminile c'è il corpo che è donna. La donna definisce il vuoto che è cercato e riempito dal maschile.

Pensando solo al femminile, l'uomo ricorda solo il vuoto e dimentica la donna. Il sacro spazio esige anche che si onori il tempio.

Al di là del pensiero dell'uomo e della donna, c'è l'irriflessività dell'uomo-donna. Per essere dimentico, l'uomo deve dimenticare la donna solo quando la donna dimentica l'uomo.

168. Corpo di terra

Si conosce la solidità della roccia a causa dell'arrendevolezza dell'acqua, il peso della terra a causa della leggerezza dell'aria. Che cosa si conosce quando la pienezza dell'uomo entra nel vuoto della donna e quel vuoto accoglie la sua pienezza?

Corpo di terra e respiro d'aria! Terra che è carne di donna e ossa d'uomo! Aria che è uomo in movimento e donna vuota!

Dov'è il Tao se non qui!

169. Accettate il respiro

Quando il desiderio è consumato, rinasce per essere consumato ancora. Come il corpo che respira, è pieno per essere vuotato, riempito per essere vuotato di nuovo.

Che fortuna che il riempire debba essere il principio del vuotarsi, e il vuotarsi il principio del riempire; che il modo delle cose sia di usare e di essere rinnovati.

Accettate il respiro. Rilasciate questo momento e ricevete il successivo... senza sforzo.

Trattenendo il respiro, il cielo si sgretola, le stelle si incrinano e la terra che respira si fa dura.

170. Come il Tao che respira

Gli amanti uniti si muovono con il ritmo delle maree, delle stagioni e delle generazioni. Si riempiono e si vuotano a vicenda come il Tao che respira.

Il riempire vuota e il vuotare riempie. L'uno segue l'altro sollecitando quel che c'è dopo.

Tutto si muove. Tutto muta. Tranne il mutevole Tao.

171. In un incontro siffatto

L'uomo dice: «Datemi la donna affinché con il mio corpo possa prenderla e riempirla».

La donna dice: «Datemi l'uomo affinché con il mio corpo possa prenderlo e racchiuderlo».

L'uomo con tutta la sua pienezza colma l'universo. La donna, con tutto il suo vuoto racchiude l'universo.

Quali cose non accadranno in un incontro siffatto!

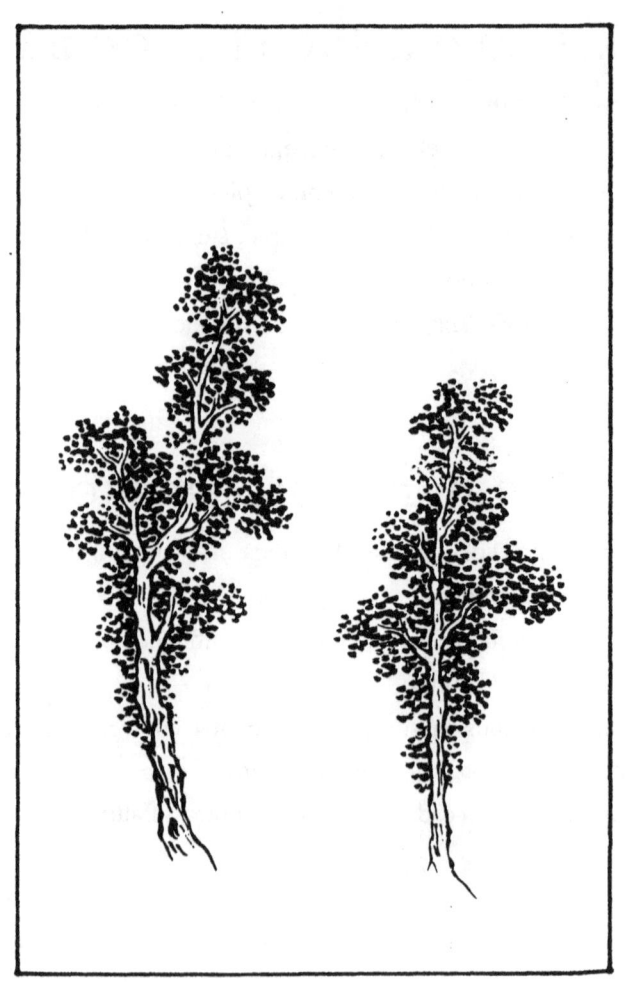

172. L'umiltà di sapere

Quando l'uomo perde la forza della sua pienezza, è disfatto come uomo. Quando la donna perde la malia del suo vuoto, è disfatta come donna.

L'uomo ha bisogno dell'umiltà di sapere che può essere vuotato; la donna ha bisogno dell'umiltà di sapere che può essere riempita.

173. Solo ciò che passa rimane

La donna è l'universo di vuoto che l'uomo non può colmare. Con breve orgoglio, quando la donna è riempita al massimo, lui è vuotato della sua pienezza e riportato al suo principio.

L'uomo è l'universo della pienezza che la donna non può trattenere. Con breve orgoglio, quando è preso al massimo, l'uomo si vuota della pienezza e la donna è riportata al proprio principio.

I saggi sanno che nel ritmo del riempire e del vuotarsi solo ciò che passa rimane. Con questa consapevolezza, procedono con umiltà e quindi con equilibrio. Lasciando andare... afferrano il Tao. Afferrando il Tao... lasciano andare.

174. L'equilibrio dell'amante

Nessuna abilità, nessuna facoltà è richiesta. Solo l'aprirsi e il fidarsi. Il bambino ritorna come amante; nudo, innocente e pronto, timoroso e impaziente.

Quando ogni cosa è stata aperta e rilasciata, quando il vuoto è pieno, allora si realizza l'equilibrio degli amanti.

Il Tao non può essere trattenuto. Né trattiene.

175. Di più del massimo

Quando dà, l'uomo riempie la donna e la vuota del suo vuoto; quando prende, la donna riceve l'uomo e lo vuota della sua pienezza.

Dov'è la pienezza quando è stata presa, e il vuoto quando è stato riempito?

Il riempire dell'uno e il vuotarsi dell'altra riempiono quel vuoto che era in entrambi.

Quando l'uomo si vuota nel vuoto riempito della donna, si realizza qualcosa di più del suo massimo dare. E quando la donna prende dalla pienezza vuotante dell'uomo, si realizza qualcosa di più del suo massimo prendere.

Che cos'è di più del massimo? Che cosa può essere nominato che sia più grande del massimo?

176. Il respiro del Tao

Il mistero è l'uomo che penetra la donna e la donna che riceve l'uomo. Il mistero è fuori dalla pienezza che trova il vuoto interno mediante la conoscenza della pienezza esterna. Il mistero dell'uomo e della donna è l'unione della pienezza e del vuoto, di modo che non ci sono più né pienezza né vuoto. Il mistero è la pienezza che si vuota nel vuoto colmato per essere preso dalla donna e cresciuto nella sua pienezza che lei potrà vuotare.

Riempire e vuotare! Respirare le stagioni e le generazioni! Ogni cosa è il respiro del Tao.

Che cos'è che respira? Nessuno può dirlo. Ma ogni movimento è un respiro nell'ogni dove di quel respiro.

177. Proibiti eppure promessi

Sono strani eppure comuni, bizzarri eppure onorati, diffidenti eppure allettanti, proibiti eppure promessi.

L'uomo osa penetrare? La donna osa prendere?

178. In un principio infinito

Dal crescere dell'uomo e dal suo vuotarsi nella donna derivano il suo stesso calo e la pienezza crescente della donna. Dalla pienezza della donna e dal suo vuotarsi derivano il riempirsi del mondo con la nascita e il suo vuotarsi con la morte. Il riempimento deriva dallo svuotamento; lo svuotamento deriva dal riempimento. È come se, in un principio infinito, nulla sia perduto o guadagnato.

La donna è il ritmo-respiro onorato e disonorato del prendere e del dare. L'uomo è il suo complice nel respiro, coinvolto dall'impeto del suo stesso respirare.

179. Aspettando il vuoto

Quando l'uomo non colma la donna con la propria pienezza, per lui c'è sempre il vuoto della donna in attesa. Sebbene colmata e ricolmata, la donna rimane non riempita e in attesa. La pienezza non può vincere il grande vuoto che aspetta.

Quando la donna non prende l'uomo e non lo vuota con il proprio vuoto, per lei c'è sempre la pienezza crescente dell'uomo. Sebbene vuotato e rivuotato, l'uomo torna a essere pieno e in attesa. Il vuoto non può vincere la grande pienezza crescente.

180. Al proprio altro corpo

L'unione è il ritorno di un corpo al proprio altro corpo. Come uomo e donna, siate uniti in totale disinvoltura.

L'uomo è pienezza e la donna è il suo vuoto. Con il solo corpo che pensa, lui si introduce per raggiungere il proprio vuoto e riceve se stesso.

La donna è vuoto e l'uomo è la sua pienezza. Con il solo corpo che pensa, lei si protende per raggiungere la propria pienezza e si colma.

Unione

181. Così tanto è trovato

C'è e c'è anche il non-è. Il maschile è l'è, che cerca il non-è; il femminile è il non-è, che cerca l'è. Ecco perché nell'unione così tanto è trovato.

182. Senza domandare

Piuttosto che l'uomo che prende la donna o la donna che prende l'uomo, è meglio se si lasciano prendere l'uno dall'altra. Quando il desiderio nasce dalla reciprocità, non c'è principio, nessuna domanda e risposta, nessuna incertezza.

I libri non possono insegnarlo. Le parole danno la risposta sbagliata. Pensate e sarà già troppo tardi. Domandate, e la risposta sarà no.

L'acqua trova il suo corso senza pensare. Dimentiche le stagioni completano l'anno.

Unitevi come si incontra l'acqua, come arrivano le stagioni. Senza cercare... lasciatevi trovare.

Senza domandare... la risposta è sì.

183. Di momento in momento

Ciò che è chiamato principio richiede altrettanta attenzione di ciò che è chiamato fine. Quando i corpi si incontrano, a meno che non siano presi dalla fretta, non affrettatevi.

Ogni momento è un principio, ogni momento una fine. Di momento in momento non c'è nient'altro da fare, nessun altro luogo dove andare, nient'altro da essere.

184. Con la prontezza della conoscenza

Come uomo, penetrate e muovetevi con la prontezza della conoscenza e la freschezza della non conoscenza.

Come donna, prendete e muovetevi con la prontezza della conoscenza e la freschezza della non conoscenza.

Così il nuovo non vince e il vecchio è rinnovato.

185. Compiacete il gioco originario

Insieme da soli, non c'è alcun bisogno di reprimere. Le pareti e le tende, il calore e la luna attirano gli amanti l'uno nell'altra per inspirare qualcosa di più dei loro io ordinari.

Compiacete il gioco originario dei corpi che danzano il proprio respiro nella magia della Grande Madre.

186. Tutti gli antichi passi

Quel che non è ancora stato fatto insieme e rimane da fare... fatelo. Vuotatevi e apritevi e fluite ognuno nei misteri dell'altro con dolcezza e completamente.

Innumerevoli altri si sono uniti praticando l'ordinario straordinario. Tutti i nostri antenati ci hanno preparato per questo momento.

Con entrambi i corpi, danzate tutti gli antichi passi.

187. Solo il corpo sa

Quando la sua pienezza è stata presa dalla donna, l'uomo non è più l'uomo misterioso; quando il suo vuoto è stato colmato dall'uomo, la donna non è più la donna misteriosa. Insieme come uomo-donna, donna-uomo, c'è un altro mistero.

Trattenete per separare l'uomo e la donna e l'unione non sarà capita.

L'unione è qualcosa... qualcosa di più di ciò che l'illusione delle parole riesce a esprimere. Come ombre, le parole seguono i pensieri, i pensieri seguono la mente, la mente segue il corpo. Come può essere capita l'unione se solo il corpo sa?

Quando le parole vengono meno, il Tao è da qualche parte nelle vicinanze.

188. I corpi capiscono il Tao

L'unione non è solo l'esterno che penetra l'interno e l'interno che riceve l'esterno; è l'atto in cui l'uomo e la donna si riconciliano a vicenda con se stessi.

I corpi capiscono il Tao. Uniscono le loro parti, risolvono i loro opposti. Due corpi in uno sono come l'uno del Tao.

189. Oltre l'unione

Per l'uomo, la sua grandezza riempie l'universo finché c'è solo la durezza... che cerca. Questa è la grandezza dell'uomo.

Che fortuna che ci sia un posto dove una grandezza siffatta viene trattenuta e racchiusa. Questa è la grandezza della donna in cui l'uomo cerca.

Oltre il cercare dell'uomo e il trattenere della donna, c'è qualcos'altro. Oltre l'unione c'è qualcosa che... va al di là del riempire l'universo, del racchiudere l'universo. Le parole indicano ma non diranno.

Che cosa c'è prima del pensiero e della nascita, prima che la spinta conosca se stessa? Che cos'è il vuoto pieno e la pienezza vuota? Dov'è che non ci sono domande e l'accadere è semplicemente se stesso?

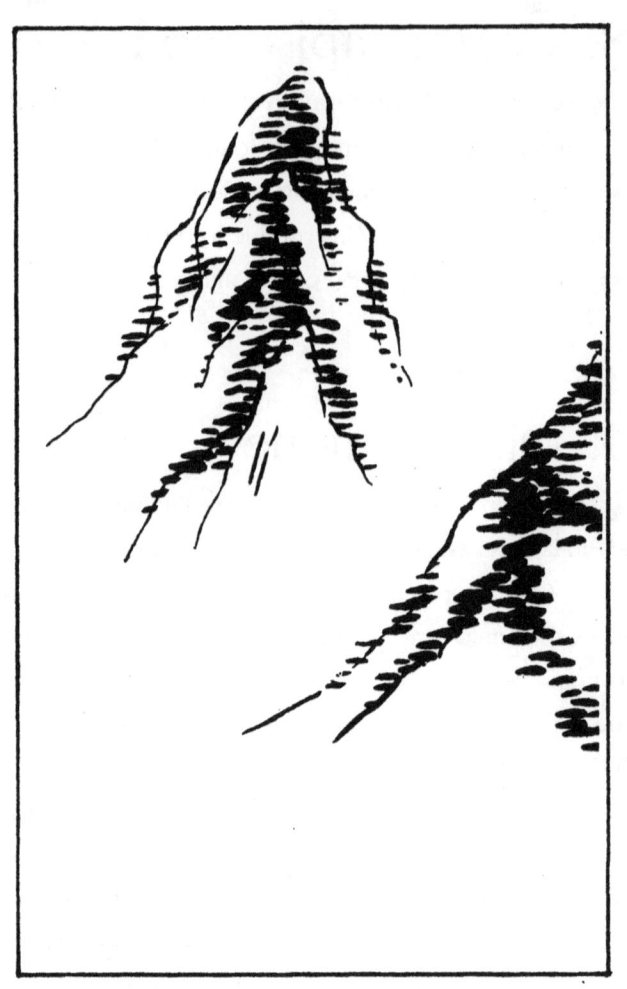

190. Disfacendo la differenza

L'inverno e l'estate si conciliano. Est e Ovest si raggiungono. Manifesta nell'anno e nella terra è l'interezza dell'uomo e della donna.

Chiamate le loro quattro braccia le quattro stagioni, le loro quattro gambe le quattro direzioni. Membra e corpi si avviluppano per raggiungere l'unità, avvinghiati e stretti. Due si intrecciano a due, e l'uno trova l'uno. Lo speciale racchiude lo speciale, disfacendo la differenza e la separatezza.

191. Nel profondo del tutto vivente

Da qualche parte nel profondo del tutto vivente, c'è qualcosa che va al di là del pensiero e della conoscenza. Lo si potrebbe chiamare niente, tuttavia da esso deriva lo scaturire, quindi l'impeto, poi il desiderio, e infine la passione.

Quando la pienezza e il vuoto si uniscono, e la passione vuota sia l'uomo sia la donna fino all'interezza, essi vengono riportati a un nuovo scaturire di qualcosa nel profondo del loro vivere.

192. Gli amanti trovano quel che i saggi cercano

Uniti nella passione, l'uomo e la donna si superano a vicenda fino a raggiungere l'immobilità mobile oltre l'io. Gli opposti si risolvono. L'uomo e la donna non esistono più. In quell'originario dimentico che è il Tao, uno e due sono nessuno e tutti.

Gli amanti trovano quel che i saggi cercano. Il corpo e la mente si dissolvono. La divisione e la separazione hanno fine. E l'essere che è tutto vince il pensiero che è un po'.

Coloro che toccano il tutto non ritornano uguali a un po'.

193. Passare e divenire

L'aria e il fuoco hanno origine dall'acqua e dalla terra. Il caldo respiro esterno attizza il caldo respiro interno.

Ciascun amante nasce dall'altro e si dissolve in entrambi.

La terra agita la terra e desta il respiro e la carne. Il fuoco accende il fuoco.

L'urtare della terra contro la terra spinge le acque di entrambe nell'umidità e nella spuma del passare e del divenire.

194. La terra respira se stessa

Nell'unione mobile, l'uomo e la donna si inspirano e si espirano a vicenda come corpo che respira corpo.

Negli amanti la terra respira se stessa. Ciascuno è l'aria dell'altro che impregna di respiro l'acqua e il fuoco della carne.

Respirando insieme come amanti, inspiratevi ed espiratevi a vicenda, al servizio di ognuno, di entrambi e di tutto.

Trattenete il respiro... e tutta la terra aspetterà.

195. Il bisogno di ognuno

L'appagamento dell'uomo nasce dal suo soddisfare la donna. L'appagamento della donna nasce dal suo soddisfare l'uomo.

Il soddisfacimento dell'uno da parte dell'altro rafforza ciascuno ed entrambi insieme.

Il bisogno di ognuno dei due è il nutrimento dell'altro e di entrambi.

196. Piena libertà

Nel fare l'amore, concedetevi a vicenda piena libertà.
Se non la si può avere l'uno dall'altra, dove mai si può avere?

Ciascun corpo è il banchetto dell'altro. Come anfitrione... offrite senza riserve. Come ospite... prendete con rispetto.

197. Seguendo il ritmo del fiume

Il fiume scorre di per sé. Non istruito... trova la sua via verso il mare.
La via in discesa della saggezza porta tutto a unirsi in profonda pienezza.

Lasciatevi scorrere verso il basso, senza fretta, seguendo il ritmo del fiume.

Sappiate che la spinta del sangue e tutto il suo impeto corrono verso la grande pozza che mescola.

Ricordatevi di muovervi verso il basso e confidate nel modo del fiume.

198. Un principio del principio

Se ci deve essere un principio, ci deve essere anche un principio del principio. E ci deve essere anche un principio del principio del principio. Come può, allora, un principio essere il principio?

In ogni principio c'è il desiderio, e dal desiderio nasce ogni principio. L'universo è desiderio che nasce da se stesso e completa se stesso, proprio come l'acqua che si muove è il fiume.

Quando l'uomo e la donna si uniscono, ogni stella e ogni stelo d'erba si muovono in armonia con loro. Non ci può essere errore quando le radici del desiderio sono nelle stelle e la sua spinta muove anche le piante.

L'uomo e la donna si trovano mettendo in atto l'uno di ogni cosa, quindi si separano mettendo in atto le parti di ogni cosa. Lo scemare del desiderio separa; la separazione desta il desiderio; il desiderio destato unisce. Il ritmo dei giorni e delle stagioni è il ritmo degli amanti e delle generazioni.

Il desiderio esisteva insieme al Tao addirittura prima del principio di tutti i principi.

199. Mero corpo

La via oltre i limiti si trova all'interno dei limiti. La via d'uscita è dentro. Lo stesso vale per ogni cosa.

Come la mente conosce la via oltre la mente, così il corpo conosce la via oltre il corpo. Dal centro del corpo il bisogno della smania e della spinta genera il salto del corpo oltre il corpo.

Chi può distinguere l'io dall'altro, l'interiore dall'esteriore, il pensare dall'agire quando la mente non pensa, quando il toccare pensa solo a toccare, e il corpo è corpo che danza dimentico. E poi... nemmeno più corpo.

Abbandonatevi per conoscere. Perdete per trovare. Il mero corpo è più che sufficiente.

200. La mente segue il pensiero del corpo

Il corpo sa già che cosa fare. La mente segue il pensiero del corpo, inventando pensieri per capire quel che è già noto.

Quindi la mente stupefatta osserva il nascere del desiderio e, estasiata dal pensiero del corpo, dimentica tutto finché ciò che si muove e si leva vince, e la mente è pervasa dall'intuizione.

201. Lasciate decidere il corpo

Il movimento libera ciò che libera. Tenete stretto e non lascerà andare. Sollecitate e non verrà. È all'interno e vicinissimo, eppure non può essere afferrato. Lasciate decidere il corpo da sé.

Quando la liberazione arriva e prende e vince, sorge spontaneamente da una profonda prontezza in attesa, dove la terra gioiosamente induce se stessa con l'inganno ad allettarci senza posa da un giorno all'altro. Viene dall'interno in cui ci troviamo, da qualcosa che diviene ma non comincia. Sebbene sia noi, non ci appartiene. Ci insegna come muoverci in questo mondo, non come motori ma come movimento.

202. Occhi distanti e nuovi

Oltre l'unione in movimento c'è il luogo immobile, la grande attesa che chiama a raccolta ma da parte sua non viene. Così l'uomo e la donna si muovono verso di esso, muovendo il mondo a fermarsi, rovinando l'immobilità a muoversi.

Questa agevole lotta scuote la terra e con un nuovo principio pone fine allo stesso vecchio mondo. Con occhi distanti e nuovi, gli amanti ritornano a un altro principio che ogni volta rinnova con grazia il familiare.

203. Il ritorno del proprio tempo

Come le stagioni, il desiderio aspetta, scuote, eccita e infine appaga. Il ritmo dell'anno è la promessa che cede gli amanti alla fine dell'autunno. La loro unione autunnale in movimento è il ritmo di nuovi principi. In fondo al loro sangue estivo conoscono la promessa inespressa e quindi si lasciano andare.

Perfino la semplice quiete dell'attesa invernale mantiene quella promessa. E perfino la pensosità dell'inverno crede che il desiderio troverà il ritorno del proprio tempo.

204. Con l'agire del corpo

Quando la pienezza dell'uomo è stata presa dal vuoto della donna e il vuoto della donna è stato riempito dalla pienezza dell'uomo, non sono più semplicemente uomo e donna. L'agire del corpo li trasforma e li armonizza.

Questa è la mente-uomo e la mente-donna che tanto facilmente capisce con la carne ciò a cui il pensiero non arriva con i pensieri.

Vedete come i pensieri inseguono il corpo cercando di capire con il pensiero quel che i corpi tanto facilmente sanno con la carne.

205. Il semplice e l'ovvio

Nell'ovvio c'è qualcosa di non ovvio. Nel semplice c'è qualcosa di non semplice. Il semplice e l'ovvio non sono né semplici né ovvi.

Quando l'uomo e la donna si incontrano nel contatto profondo, non sono solo corpo che incontra corpo. In mezzo a loro, c'è qualcosa che unisce l'interno con l'esterno, il qui con il là, questo con quello.

In mezzo a loro c'è qualcosa di ordinario e di straordinario: un'immobilità che si muove; un vuoto pieno, un divenire che non è né pensiero né cosa, che tocca senza toccare. Ostacolati dalla mente i pensieri non possono trovarlo; ostacolati dal corpo i sensi non possono sentirlo.

Quando corpo incontra corpo nel contatto profondo, aggrappatevi al divenire che sta nel mezzo. Con la mente che pensa tra i pensieri, e il corpo che sente tra i corpi, è così ovvio, così semplice.

L'unione dell'uomo e della donna insegna semplicemente che il divenire che è in mezzo a loro è in mezzo a tutto.

206. Entrambi i piedi devono danzare

Una volta che il vuoto della donna è stato riempito e la pienezza dell'uomo è stata vuotata, ognuno dei due ha disfatto l'altro.

L'uomo subirà un calo, e il bisogno che la donna trattenga la sua grande pienezza è il biasimo che le muove per averlo disfatto. L'uomo si cala nel nuovo attraverso lo svuotamento da parte della donna-madre.

La donna subirà un calo, e il bisogno che l'uomo colmi il suo grande vuoto è il biasimo che gli muove per averla disfatta. La donna si cala nel nuovo attraverso il riempimento da parte dell'uomo-padre.

Ogni perdere è un trovare un nuovo equilibrio. La grandezza dell'uomo e della donna che cala dall'uno all'altra è il perdere la separatezza per trovare l'unione. I loro corpi hanno sempre conosciuto l'equilibrio totale dell'unione, ma le definizioni delle loro menti devono essere convinte dalla persuasione dei loro corpi. È la vicinanza del contatto che disfa la distanza del pensiero. I corpi vicini mostrano alle menti pensanti come capire.

Tutte le unioni rammentano all'oblio delle menti che i corpi vogliono fare a modo loro.

Il pieno equilibrio è parità tra mente e corpo, parità tra uomo e donna. Per realizzare il Tao entrambi i piedi devono danzare.

207. Un'immobilità speciale

Nello spazio tra ogni pensiero e ogni azione c'è una speciale immobilità che porta da un'immobilità all'altra conferendo equilibrio al pensiero e all'azione.

Tutto nasce dall'immobilità e all'immobilità ritorna. L'immobilità è la naturalezza in cui il non-pensare e il non-agire accadono da sé.

Perfino nell'unione c'è l'immobilità... perciò nessuno sforzo in assoluto; solo corpi che non-agendo i propri corpi e le proprie menti nell'immobilità giocano alla consapevolezza.

208. Lo sforzo senza sforzo

All'interno dell'unione mobile dell'uomo e della donna c'è l'immobilità dell'interno che incontra l'esterno, dell'uno che incontra l'altro, degli incompleti che si completano.

Così come il corpo muove se stesso, mantenete l'immobilità dove la mente gioca a essere mente mentre il corpo gioca a essere corpo.

L'unione è la pausa dell'uomo e della donna, lo sforzo senza sforzo, l'immobile e muto silenzio precipitoso.

209. Senza l'uomo e la donna

In quel momento immoto dell'unione in cui la donna ha preso tutto dell'uomo ed è colma, non c'è nient'altro da prendere poiché tutto il suo vuoto è stato riempito. E quando tutto dell'uomo è stato dato al vuoto della donna, non c'è nient'altro da dare poiché tutta la sua pienezza è stata presa. L'uomo disfa la donna e la donna disfa l'uomo.

Il dare tutto dell'uomo e il prendere tutto della donna portano alla perdita di entrambi, al vuotarsi di ciascuno dei due in quell'uno che non è nessuno dei due.

È davvero così? Senza l'uomo e la donna, chi risponderà sì o no?

210. Stupefacente adesso

Gli amanti uniti non hanno persona quando lui trascende l'io e non conosce se stesso, e lei trascende l'io e non conosce se stessa.

Quando per lui la donna trascende l'oggetto e non è più cosa, l'uomo non la conosce. Quando per lei l'uomo trascende l'oggetto e non è più cosa, la donna non lo conosce.

Poiché non possiedono il desiderio, essi sono il desiderio. Uniti insieme, sono il sogno di questo più che stupefacente adesso.

211. Il ritorno di ogni momento

Prima che la loro fine e il loro principio si rinnovino, sono due amanti abbracciati e trattenuti in dimentica meraviglia. Dov'è la loro separatezza? Dov'è la loro diversità? Dove sono i due che sono uno?

La singola corporeità offusca il pensiero fino alla liberazione, e alla fine, e poi di nuovo alla mente, e poi al principio che si fissa nella separazione e a un nuovo momento, per raggiungere ancora una volta il risveglio originario.

Che cosa potrebbe essere più saggio nella natura delle cose del ritorno di ogni momento al principio che si desta?

212. L'altra metà dell'interezza

Nell'unione, quando l'uomo dà alla donna e la donna dà all'uomo, ognuno dà all'altro l'altra metà dell'interezza.

Entrambi sono più di ognuno dei due, nel loro appagare il desiderio di unione. Ognuno dei due è più di entrambi, nel suo appagare il desiderio di separatezza.

INDICE

Introduzione   7

Il Tao delle relazioni   17

Il Tao   19

    1. Preparandosi per questo momento   21
    2. Oltre la misura   21
    3. Solo agire   23
    4. Rimanendo fermi   23
    5. Il Grande Assenso   25
    6. La stanza sconfinata   25
    7. Per conservare il legame   27
    8. Prendetevi l'un l'altra come se   27
    9. Diviene dall'interno   27
    10. Non un mistero   29
    11. Senza   29
    12. Gioco sciocco   29
    13. Il punto da cui iniziare   31
    14. La grandezza del semplice   31
    15. Attenetevi all'ordinario   31
    16. Tenete in equilibrio l'universo   33

17. Pensieri e domande	33
18. A causa del nostro mutare	35
19. Trovare è riconoscere	35
20. E la sua fugacità	37
21. Con la domanda pronunciata	37
22. Così ovvio	37
23. Il viaggio verso il principio	39
24. Il terreno silenzioso	39
25. Praticate l'umiltà	41
26. Le parole sono facili	41
27. Possedere il cielo	43
28. La naturalezza della nascita e della morte	43
29. Trovati da una via	45
30. Incontrarsi come l'acqua	45
31. Poiché esiste da tanto tempo	47
32. Per trovare il Tao	47
33. Ogni è	47
34. Sotto ogni conoscenza	49
35. La via del Tao	49

Uomo/Donna   51

36. Vicini alla Grande Madre	53
37. Entrambe le metà dell'Adesso	53

38. Il completamento di ciascuno	55
39. Mediante l'inconoscenza	55
40. Il silenzio indiviso	57
41. Sciocca serietà	57
42. Il semplice e il grande	57
43. Il centro nascosto dell'altro	59
44. Solo in quanto se stessa	59
45. Abbracciati dal vuoto	61
46. Nella sua stretta	61
47. Avvinti l'uno dall'altra	63
48. Il tronco e le radici delle parole	63
49. L'uomo fuori dal comune	65
50. Apprendistati	65
51. Trovati più facilmente	67
52. La maniera del saggio	67
53. L'uno che è entrambi	67
54. L'interezza ritrovata	69
55. Che ciascuno possa diventare più grande	69
56. Entrate in mezzo	69
57. Quando c'è il Tao	71
58. Ridere in silenzio	71
59. L'archetipo è domato	73
60. L'oscurità originaria	73
61. La morte dell'uomo nella donna	75
62. Il non-è è grande come l'è	75
63. Indovinello serio	77

64. L'altro corpo di ciascun corpo   77
65. Il Tao è come il niente   79
66. Senza parole   79
67. Vasta armonia   81
68. Silenziosamente certi   81
69. Lasciate andare   83
70. Se l'uomo volesse solo la luce   83
71. Dalla tranquillità dell'ordinario   85
72. Enigmi di giovani amanti   85

Separatezza/Unione   87

73. Ha origine da se stesso   89
74. Con il principio e la fine ben chiari   89
75. Silenzio facile   89
76. Vuoto e pieno   91
77. Nascondendo   91
78. Nell'immobilità del momento giusto   93
79. Separati senza separatezza   93
80. Insieme al massimo   95
81. Una cosa deriva da un'altra   95
82. Curve e circolari   97
83. La mente giusta   97
84. In ogni due   99

85. Terza mente	99
86. Seme e terra	101
87. Il trovare	101
88. L'ovvio che è il segreto	103
89. La mente zoppa	103
90. Un segreto che incontra un segreto	105
91. Confidate in ciò che è senza sforzo	105
92. Essere all'interno di entrambi	107
93. Per perdere e trovare entrambi	107
94. Trovando il proprio corso	109
95. Facile come essere trovati	109
96. Profondo incontro	111
97. Più che sufficiente	111
98. Senza alcuno sforzo	113
99. Con la mente spalancata	113
100. In mezzo ai pensieri	115

Durezza/Mollezza	117

101. Tra la nascita e la morte	119
102. Vincere e perdere	119
103. A causa del loro farsi molli	119
104. La profonda quiete	121
105. La saggezza di tutte le cose	121
106. Il farsi molli	123
107. Per essere usati	123

108. Tra la durezza e la mollezza	125
109. La mollezza del principio	125
110. Ventre oceano	127
111. Uguali diversi	127
112. Tramite la durezza dell'uomo	129
113. Tramite la mollezza della donna	129
114. La durezza è il fardello	131
115. Vuotandosi	131
116. Guidare da dietro	133
117. Trovate il timore	133
118. Sia durezza sia mollezza	135
119. Oltre ogni pietra	135
120. Né pietra né acqua	137
121. Siate privi di scopo	137
Mutevole/Immutabile	139
122. Lasciate che il mutamento muti	141
123. A suo tempo	141
124. Sempre in divenire	143
125. La via in discesa	143
126. Confidate nel ritorno	145
127. Ogni momento ha	145
128. Una forma speciale di trattenere	147
129. Nell'esatto centro dell'adesso	147
130. Conoscete come l'acqua	149

131. Siate anche fiume	149
132. Diventate mutevoli	151
133. Attraverso è nel mezzo	151
134. L'enigma chiamato pensiero	153

Trovare/Perdere — 155

135. Trovate e perdete	157
136. Tra l'uno e l'altra	157
137. La conoscenza approfondisce	159
138. Nel più profondo ignoto	159
139. Il momento in cui si trova	159
140. Un'altra conoscenza	161
141. Perdere e trovare	161
142. La via trovata e perduta	163
143. Perduti l'uno nell'altra	163
144. All'interno del mezzo	165

Dare/Ricevere — 167

145. Trovate senza prendere	169
146. Colmi di vuoto	169
147. Date con delicatezza	169
148. Una sorta di dare	171
149. In uno si dissolvono	171
150. L'esterno che è interno	173
151. Per ricevere	173

152. La vitalità degli enigmi	175
153. Dare e ricevere	175
154. Un avvenimento importante	177

Pienezza/Vuoto   179

155. Trovate ciò che non è	181
156. Ricordate il vuoto	181
157. Cominciate con il vuotarvi	183
158. Tutto il vuotarsi del fiume	185
159. Vuotatevi al vuoto	187
160. Quel che è e quel che non è	187
161. È e non-è	189
162. La pienezza che porta il vuoto	189
163. La pienezza desidera	191
164. Perché c'è il vuoto	191
165. Il vuoto della donna	193
166. Sempre in attesa	193
167. Intorno al vuoto	193
168. Corpo di terra	195
169. Accettate il respiro	195
170. Come il Tao che respira	197
171. In un incontro siffatto	197
172. L'umiltà di sapere	199
173. Solo ciò che passa rimane	199
174. L'equilibrio dell'amante	201

175. Di più del massimo	201
176. Il respiro del Tao	203
177. Proibiti eppure promessi	203
178. In un principio infinito	205
179. Aspettando il vuoto	205
180. Al proprio altro corpo	207

Unione — 209

181. Così tanto è trovato	211
182. Senza domandare	211
183. Di momento in momento	213
184. Con la prontezza della conoscenza	213
185. Compiacete il gioco originario	213
186. Tutti gli antichi passi	215
187. Solo il corpo sa	215
188. I corpi capiscono il Tao	217
189. Oltre l'unione	217
190. Disfacendo la differenza	219
191. Nel profondo del tutto vivente	219
192. Gli amanti trovano quel che i saggi cercano	221
193. Passare e divenire	221
194. La terra respira se stessa	223
195. Il bisogno di ognuno	223
196. Piena libertà	225
197. Seguendo il ritmo del fiume	225

198. Un principio del principio	227
199. Mero corpo	229
200. La mente segue il pensiero del corpo	229
201. Lasciate decidere il corpo	231
202. Occhi distanti e nuovi	231
203. Il ritorno del proprio tempo	233
204. Con l'agire del corpo	233
205. Il semplice e l'ovvio	235
206. Entrambi i piedi devono danzare	237
207. Un'immobilità speciale	239
208. Lo sforzo senza sforzo	239
209. Senza l'uomo e la donna	241
210. Stupefacente adesso	241
211. Il ritorno di ogni momento	243
212. L'altra metà dell'interezza	243

Finito di stampare
nel mese di dicembre 1995
per conto della Casa Editrice Corbaccio s.r.l.
da La Tipografica Varese S.p.A. (VA)
Printed in Italy

www.ingramcontent.com/pod-product-compliance
Lightning Source LLC
Chambersburg PA
CBHW020751160426
43192CB00006B/305